教育部人文社会科学研究项目（20YJC630036）“异质门槛视角下创新驱动产业绿色转型研究：路径特征、发展效率及影响机理”中国博士后科学基金资助项目(2019M650519)“异质演进视角下知识密集型产业创新驱动发展实现体系”

经济管理学术文库 • 经济类

高技术产业创新驱动发展实现体系研究：创新路径、驱动效率及影响机制

Research on the Realization System of Innovation-driven Development of High-tech Industry: Innovation Path, Driving Efficiency and Influence Mechanism

侯　建／著

经济管理出版社
ECONOMY & MANAGEMENT PUBLISHING HOUSE

图书在版编目（CIP）数据

高技术产业创新驱动发展实现体系研究：创新路径、驱动效率及影响机制/侯建著．—北京：经济管理出版社，2020.1
ISBN 978－7－5096－6998－3

Ⅰ.①高… Ⅱ.①侯… Ⅲ.①高技术产业—产业发展—研究—中国 Ⅳ.①F279.244.4

中国版本图书馆 CIP 数据核字(2020)第 021671 号

组稿编辑：郭 飞
责任编辑：曹 靖 郭 飞
责任印制：梁植睿
责任校对：陈 颖

出版发行：经济管理出版社
（北京市海淀区北蜂窝 8 号中雅大厦 A 座 11 层 100038）
网 址：www.E－mp.com.cn
电 话：（010）51915602
印 刷：三河市延风印装有限公司
经 销：新华书店
开 本：720mm×1000mm/16
印 张：12.5
字 数：202 千字
版 次：2020 年 5 月第 1 版 2020 年 5 月第 1 次印刷
书 号：ISBN 978－7－5096－6998－3
定 价：78.00 元

联系地址：北京阜外月坛北小街 2 号
电话：（010）68022974 邮编：100836

序　言

创新是社会经济发展的不竭动力，是一个国家竞争力的关键因素。自中共十八大及“十三五”规划明确实施创新驱动发展战略以来，我国各地区大力深化实施创新驱动发展转型，“创新驱动”也成为创新管理与科技政策领域研究的关键问题。创新作为引领发展的第一动力，为经济方式转型与持续发展提供了新的契机。进一步，《国家创新驱动发展战略纲要》明确将数字化、网络化、智能化、绿色化作为提升产业竞争力的技术基点，对微电子与光电子产业、新材料产业、生物医药产业、智能制造装备产业、新能源汽车产业、移动互联网产业、云计算产业等技术密集型产业的重点领域和关键环节进行了任务部署。由此可见，实施创新驱动发展战略，推动产业转型升级，为高技术产业的迅速崛起创造了难得的历史机遇，高技术产业的转型升级与技术进步将成为国家发展的战略支撑。尤其是“中美贸易战”及“华为事件”等暴露了我国创新驱动发展面临的严峻问题与挑战变化，我国核心创新实力与发达国家差距仍然显著，高技术产业创新驱动发展不仅是经济转型升级、谋求新发展思路的必然要求，而且成为关系国家安全和国际博弈的重要标准。

在创新实践中，作为落实创新驱动发展关键一环的高技术产业，是推动要素驱动向创新驱动转变的核心力量，也是实施创新驱动的先导和主要部门，成为从事技术创新活动最为活跃的领域。近年来虽取得较大成绩，但与欧美发达国家相比，无论是技术创新还是管理创新都相差甚远。一方面固然是我国高技术产业整体创新基础较弱和地区创新水平分布差异显著，长期以来处于以生产为核心的管理模式下运营，通常以引进外界先进技术满足自身创新发展的需要，面临着向拥有自主知识产权和核心技术转型变革的关键问题与挑战，处在总体发展受制于人的尴尬境地；另一方面我国高技术产业领域创新管理的研究与教学起步较晚，创新理论与创新实践难以做到充分结合，进而造成仅有本土创新理论难以高效地指导创新实践。加之中美经济贸易战及单边保护主义的严峻问题与挑战又带来新的变化，在这样的社会、经济环境下，行业、地区乃至国家面对有限的创新资源和技术知识，选择何种创新路径更有利于驱动创新和可持续发展，这也是一直存有争议的问题。

目前，创新驱动发展已成为我国地区经济实力提升最快的关键举措，其创新管理理论与实践进展较大。自国家提出构建创新型国家的伟大战略目标后，我国创新管理实践开始走理论与实践高度结合的驱动发展战略。创新方式由封闭式向开放式转变，创新地域由东部发达地区向西部落后地区延伸，创新领域逐渐集中于以现代化科技为核心的高技术产业。总之，国家高技术产业创新发展战略使创新驱动得到了空前的重视，高科技创新理论体系迅速成长。

然而，随着知识和创新成果扩散，技术外溢速度加快，创新生命周期缩短，加之技术复杂度提高，创新资源配置格局发生深刻变化，单纯依靠企业内部资源研发风险加大，创新所需的技术和资源变得更为分散，前沿领域同步自主研发变得越来越困难。于是，在这种创新转型的背景下，系统深入探究提升高技术产业创新驱动的有效路径，更加准确地识别最优化的创新资源的配置和使用，为决策者提供重新审视创新驱动的新视角，对构建独特、有效的多样化国家创新驱动发展的路径选择、动力来源与政策设计具有重要的理论意义和实践意义。

本书在借鉴创新管理框架的基础上，结合高技术产业发展现状及特征，分别从创新驱动发展相关理论、创新路径分析、创新驱动效率、创新路径对创新驱动效率的影响机制这几个方面组成新的研究框架来分析高技术产业创新驱动发展实现体系。

创新驱动发展相关基础理论：本书在分析现有创新驱动发展相关研究基础上，界定了高技术产业创新路径与创新驱动效率的内涵、结构和特征，分析了其间的门槛要素、作用关系过程和概念模型，提出了创新路径对高技术产业创新驱动效率影响的研究内容框架。

创新路径分析：分别从时间和空间格局差异两方面定量考察了我国高技术产

业自主研发、外部知识源化和非研发三种创新路径的总体数量特征、发展趋势与区域异质性发展时间特征和格局演化状态、省域间差异变化与集中程度的地理格局演变趋势。

创新驱动效率：构建随机误差与基于异质性的超效率技术改进的综合测度模型分析创新驱动发展效率，通过原始投入产出数据的效率分析、SFA 因素分解分析与调整、调整后测度结果及来源分解比较，更为客观准确地识别和探究高技术产业创新驱动效率差异、时空变化和来源体系配置特征。

创新路径对创新驱动效率的影响机制：首先，本书运用创新知识生产函数，构建了高技术产业自主研发、外部知识源化和非研发与创新驱动效率之间的驱动路径，基于面板数据统计的模型选择与处理，通过面板线性回归与交互估计技术，从线性驱动效应与其协同交互驱动效应两个方面，分析了创新驱动发展下的创新路径对高技术产业创新驱动效率的驱动作用影响效应。其次，进一步以各地区高技术产业技术发展水平和创新能力积累异质性情景视角考虑，运用改进的动态面板门槛回归模型，全面深入考察了创新路径对高技术产业创新驱动效率影响效应中存在的知识积累异质性的非线性动态门槛特征效应。

本书是高技术产业创新驱动发展实现体系研究的结晶，作者的研究坚持了“求真、创新”的真谛，并积极借鉴同人的现有研究成果，以实证数据为基础，务实而不失实践价值。作者的研究结论可为地区经济战略决策者提供科学的指导价值。

本书编写受到陈建成教授的大力支持，得到文化名家暨“四个一批”人才自主选题项目的鼎力资助。本书编写中参考了大量的中外文献，谨向所有文献作者表示诚挚的谢意！

由于笔者水平有限，编写时间仓促，书中错误和不足之处在所难免，恳请广大读者批评指正。

侯 建

2019 年 6 月 30 日 于北京林业大学

目　录

第1章　导论

1.1　本书的研究背景、目的和意义

1.1.1　本书研究背景

创新驱动是可持续转型发展的重要标志。而创新是一个复杂多变的过程，创新驱动的路径来源是多样化的。封闭式创新向开放式创新转型过程中，多数发展中国家由于缺乏必要的创新资源，技术转移、引进被认为是主要创新源（Liu 和 Wang，2003；Tian，2007；Sun 和 Du，2008）。尽管如此，他们亦试图依靠内部研发确保技术创新独立自主（Katz，2001；Sun，2002）。作为最大的发展中国家，一方面，中国近年来通过空前的技术引进总量以及外部合作等创新范式在短期内缩小了与发达国家间在技术水平上的差距。同时，这种利用“机会窗口”的技术跃迁发展方式也产生了较为严重的“路径依赖”效应，导致中国缺乏具有自主知识产权的核心技术，处在总体发展受制于人的尴尬境地。另一方面，内部研发与知识技术基础逐步发展，尤其研发人员和资金投入、专利产出及高技术企业数量等均显著增长（Fan，2014）。随着创新驱动发展的战略经济推动，自主创新战略更加突出，其强调原始创新、集成创新和消化吸收再创新，而这一战略的核心和动力在于自主研发。自主研发不仅可以实现原始创新、知识创造，而且增强了吸收消化外部技术和知识再创新的能力（Cohen 和 Levinthal，1989），实

现了从技术引进型向自主研发和创新型的技术进步模式的转变，达到创新驱动的可持续发展。作为落实创新驱动发展关键一环的高技术产业，是推动要素驱动向创新驱动转变的核心力量，也是实施自主研发的先导和主要部门，是从事技术创新活动最为活跃的领域（Hong 等，2016）。据统计，截止到 2015 年底，中国高技术产业 R&D（Research and Development）经费规模（内部和外部）突破了 2840.27 亿元，内部研发投入强度为 1.87%左右，无论是绝对指标还是相对指标均显著提升。但是，内部研发强度与发达国家 2.5% ~4%的平均水平相比，自主研发创新作用虽然受到限制，高技术产业仍然面临着较大的技术引进的“机会窗口”。事实上，相比较技术外取，根据发展中国家要素禀赋结构、发展阶段、产业特征、创新资源禀赋条件等经验，内部研发投入增加到创新绩效提升之间的作用系统更复杂、作用过程更绵长，其作用方向和大小都更具不确定性（Acemoglu 等，2006；Gong 和 Keller，2003；Markusen，2001）。

目前，知识垄断被打破，创新资源的配置格局发生了深刻变化。随着知识和创新成果扩散，技术外溢速度加快，创新生命周期缩短，加之技术复杂度提高，单纯依靠企业内部资源研发风险加大，创新外部环境的边界逐渐被弱化，封闭式创新的这种良性循环会逐渐消失。尤其对于高技术产业创新所需的技术和资源变得更为分散，前沿领域同步自主研发变得越来越困难。因此，传统研发模式日益向“开放式创新”转变，发展中国家积极寻求外部资源建立开放联系，探索多元开放创新范式，强调寻求外部资源和技术合作缓解内部研发压力（Chesbrough，2003；Chesbrough 等，2006）。而外部知识源化（External Knowledge Sourcing）正是企业通过外部合作创造与获取知识不断产生新知识流以积累和更新知识存量（Lin 和 Wu，2010），在与具有技术优势的企业、大学和研究机构进行合作研发、研发外包、委托技术开发等模式的相互作用和相互影响中实现“创新范式转型”（Di Minin 等，2010；高良谋和马文甲，2014）。同时，无论外部知识源化或内部研发，传统创新模式通过研发（R&D）这一主要或唯一途径进行创新。事实上，创新并不完全等同于研发，除了内外部研发之外，技术创新领域的先导性、战略性产业大多存在多种非研发（Non - R&D）投入用途，包括技术改造、技术引进、消化吸收、购买国内技术等（谢子远和黄文军，2015）。

据统计，截止到2015年底，高技术产业非研发创新投入5581011万元，而同期用于正式研发投入达到26266585万元，非研发创新投入与正式研发支出比值为21.25%，同比下降4.49%，非研发创新长期以来持续被忽视。但非研发创新投入仍然是高技术产业技术创新经费支出的重要组成部分，在其创新活动中扮演重要的角色，甚至在一些条件下优于研发创新，对创新发展具有重大影响（Arundel等，2008；Santamaría等，2009；Andrés等，2011）。

总之，不同类型的技术获取路径以不同的方式驱动创新发展（Cassiman和Veugelers，2006），但是应该采取什么样的创新路径仍然没有一个确切的答案。在自身特有的创新资源禀赋和技术积累条件下，究竟哪种创新路径才是真正有效和适合的？如何正确选择创新路径模式有效实现创新驱动发展和效率提升？这也是一直存有争议的问题。创新过程中涉及的大量创新性资源或资源性能力的运用都需要或取决于创新过程中对知识的开发与整合（Nerkar和Paruchuri，2005），其中不仅涉及复杂的创新路径选择关系，还涉及对这种关系的复杂影响变化，如产业创新路径驱动差异还取决于是否成功跨越相应的门槛值。技术创新方式对绩效有着直接影响（Rodrigo等，2011），组织使用存在的可能的创新要素对创新至关重要（Murovec和Prodan，2009）。相比传统内部研发，开放式创新条件下寻求外部知识源化，重视非研发创新途径等多样化路径研究工作还处于起步阶段，对多元创新路径相关理论体系、动力来源、深层次异质门槛要素与作用机理系统的研究还非常缺乏。尤其是在中国整体创新基础较弱和地区创新水平分布差异较大的特殊情景下，系统深入探究提升高技术产业创新驱动的有效路径，对准确识别创新转型期间创新驱动效率体系的配置差异，为决策者提供重新审视创新驱动的新视角，对探索关键转型期间国家创新驱动发展的路径选择、动力来源与政策设计都具有重要意义。

1.1.2 本书研究目的

研究我国高技术产业创新驱动发展的有效创新路径、创新驱动效率体系配置差异和其间复杂创新驱动关系效应，探索关键转型期间国家创新驱动发展的路径选择、动力来源与政策设计为本书研究目的。本书从基本理论解析入手，结合国内外相关的研究成果，以时空异质指数与构造图分析、处理环境效应和随机误差的综合测度模型、线性与交互效应、动态异质门槛技术等方法为基础，系统梳理高技术产业创新转型中被忽视的创新路径特征，明晰其路径战略发展趋势、地区异质性和时空格局演化特征；通过改进的处理环境效应和随机误差的综合测度模型，探究高技术产业创新驱动发展的效率差异、时空变化及技术来源体系；比较和剖析创新路径对创新驱动效率的不同驱动作用效应及其异质性影响下的深层次门槛特征规律和差异。基于此，提出推动高技术产业创新驱动发展有效匹配策略，为高技术产业企业正确选择创新路径方式、优化动力来源及政府发展设计提供有效参考，促进我国关键转型期间的创新驱动的可持续发展。

1.1.3 本书研究意义

（1）理论意义。

学者对创新驱动发展实现路径、驱动效率及其驱动作用的研究已经取得了一定的成果，但是对创新路径的研究多是孤立地关注单个创新路径对产业创新的静态线性影响，对创新驱动路径结构关系问题缺乏一个有力的支撑框架，致使对创新路径方式的研究仍然比较混乱，也缺乏对发展中国家外部知识源化和非研发创新路径的研究。相比传统的自主研发、内部研发等，开放式创新条件下寻求外部知识源化，重视非研发创新途径是有效的创新转型策略。而且，几乎没有研究将异质性情境下受限因素异质特征与创新路径对创新驱动效率的创新驱动效应置于同一个框架下，比较分析其中复杂的非线性动态内生关联，忽略创新活动的动态延续性以及重要受限因素特征会造成估计结果有偏。

本书以创新路径和创新驱动效率体系为理论基础，结合系统分析的逻辑框架和概念模型，对其影响效应构建以“创新路径—驱动效率—效应分析—比较研究”为架构的高技术产业创新驱动发展实现体系。本书对创新路径、创新驱动效率进行了界定、系统梳理并分类，明晰系统的多样化创新路径驱动结构和深层次驱动效率差异，探讨高技术产业创新驱动发展实现路径与驱动作用的复杂关系，有利于从整体和异质概念视角对创新路径的运行过程进行研究，揭示全局和基于异质性情境的创新路径驱动效应和动力体系，奠定了创新路径影响效应的理论基础和支撑框架，为创新路径机制的选择和创新驱动效率的提升提供了理论依据。尤其是影响效应方面，本书首先设计了创新路径对创新驱动效率的驱动关系效应，构建了创新路径对创新驱动效率的线性与交互面板回归模型，分析了创新路径对高技术产业创新驱动效率的线性驱动作用和其协同交互作用规律。进而，由于创新门槛异质要素对创新模式和作用可能产生不同特征效应，各地区产业创新路径影响效应的差异还取决于是否成功跨越相应的门槛值，目前考虑在不同地区创新基础、发展阶段、产业特征、创新要素禀赋影响下，基于异质性特征情境视角，本书从各地区高技术产业不同知识积累水平差异情景切入，构建了创新路径对创新驱动效率影响的非线性动态异质门槛特征机制，来分析创新路径对高技术产业创新驱动效率的作用效应在门槛要素时空异质影响下造成的深层次机制特征，探讨其复杂的非线性动态异质门槛效应。基于以上创新路径、驱动效率和影响效应分析三个方面设计，通过综合比较分析，从优化创新路径系统、改进创新驱动效率体系和完善机制协作三个主体方面提出推动高技术产业技术创新驱动发展的有效匹配体系，拓展了技术进步路径、创新驱动能力以及创新发展问题研究外延，完善和丰富了封闭式创新向开放式创新转型背景下的多样化创新路径理论研究。

（2）实践意义。

首先，本书对高技术产业多样化的创新路径进行系统的结构梳理和分类测定，对其显著的时空格局演化及异质性、发展趋势进行分析；准确识别和系统探究高技术产业创新驱动发展效率异质性及技术配置与来源体系，有助于从整体把握高技术产业创新路径选择关系、动力来源及作用过程，为采取具体措施解决问题提供了现实依据。

其次，创新驱动发展背景下，创新对于中国产业的生存与发展越来越重要，但在中国创新基础薄弱和创新资源地区分配异质性的情境下的创新模式显然又有其自身的特点。本书开展基于上述情境特征下的深层次研究，比较各地区产业受门槛要素差异影响下的多种创新路径对创新驱动效率作用关系的非线性影响效应，明晰创新路径对驱动效率作用过程存在的差异性、适宜性和依存性，对合理有效进行多样化创新驱动范式转变的路径选择、动力来源与政策设计具有非常强的现实意义。

最后，在不同创新路径对创新驱动效率驱动作用和异质性影响效应基础上，探究高技术产业创新驱动发展的有效匹配体系，提炼和归纳创新驱动发展实现机制及技术变迁的一般规律，对于我国高技术产业根据自身特点进行正确选择及权衡技术创新方式与路径，加快实现创新驱动跨越式发展的产业转型以及实施多样化、最优化的创新路径驱动提供理论和实践参考。

1.2 国内外研究现状

1.2.1 国外研究现状

1.2.1.1 创新路径相关研究现状

（1）自主研发路径。

自主创新能力是一国获得持续竞争优势的源泉。而自主研发是在中国情境下提出的新名词，国外对自主研发研究没有统一的界定和认识。

关于自主研发路径相关研究主要分为创新模式理论和自主研发选择影响因素或相互作用机制两类。第一类研究中，自主创新是国内组合名词，国外类似概念有 Krugman（1999）以及 Rainer 和 Franco（2005）提出的内生创新（Endogenous Innovation），即系统内部自发创新，区别于技术模仿、引进和裂化模式（Krugman，1999；Rainer 和 Franco，2005）。亦有集成创新（Integrated Innovation）概念，Iansiti（1998）最早提出了与自主创新相近的集成创新概念，集成创新是在组织中对资源、设施和方法的充分应用与协调组合。Rothwell（1992）基于欧洲科技政策演变提出“科学创新”和“产业创新”集成一体，本质是创新系统的含义拓展。Lengnickall（1991）与 Hoskisson 和 Busenitz（2002）提出自主创新为企业只通过自身知识基础和技术努力实现的创新实践。此外，基于发达国家创新经验，Miller 和 Morris（1999）提出自主研发中企业通过单一且互补的不同类型技术整合进行集成创新。进一步，彼得（2002）基于创新源总结了自主创新、模仿创新与合作创新三种创新范式。拥有自主知识产权和技术是自主创新与其他创新活动的显著区别。Farrell（2003）认为自主创新（独立创新）是独立于外部效应的内部创新。相近地，区别于引进、改造、购买等创新活动，Anderganssen 和 Nardini（2005）提出内生创新是系统内部的自主活动。具体来说，理查德等（2006）解释为企业基于内部知识技术，通过本身努力把创新性产品推向市场，实现商业化，获取商业利益。

此外，在具体数据测算中，国外学者相近的变量和数据表示为内部 R&D，传统的内部研发是封闭式创新中主要的创新路径，学者们普遍认为传统研发是提升创新绩效的关键力量和重要作用因素。R&D 活动显著正向促进创新绩效，是创新驱动发展的核心创新源。在技术创新过程中，研发支出规模和强度很大程度上反映企业的创新能力，是传统封闭式创新的主要途径（Cohen 等，1989；Gary 等，2006；Ike 和 Kingley，2010；Garciá－Manjón 和 Romero－Merino，2012；Hall 等，2013）。

自主研发创新模式选择影响因素或相互作用机制研究，不同学者有不同观点。Sikka（1998）通过印度创新数据研究提出企业与研发机构之间需要更多合作机制影响。Carayannis 和 Alexander（2002）基于自主创新体系考量，发现影响因素涉及资金投入、知识产权、技术基础、市场环境、地区认同等。Patrick 和 Hussler（2005）研究表明自主创新能力与企业的竞争力、研发人员、当地的高科技产业、当地的高等院校、政府自身的研发投入具有显著的正相关。Alves 等（2007）提出企业、高校和研究机构是自主研发活动的主要实现者，而政府发挥支撑作用。Roper 和 Dundas（2008）研究发现市场环境和企业结构显著影响企业能否有效保持长久自主研发活动。Xie 等（2015）研究发现企业网络关系和三种自主创新模式呈现倒 U 型相关。而 Long 和 Laestadius（2016）认为知识产权行为和技术距离是影响自主创新的长期因素。作用机制方面，Yang 等（2014）研究发现自主创新和区域间的研发外溢效应可以降低工业二氧化碳的排放强度，两者的影响程度取决于当地的研发强度。Herrerias 等（2015）认为国外技术和国内自主创新在提高能源效率方面发挥了重要作用。

（2）外部知识源化路径。

知识源化战略（Knowledge Sourcing Strategy）是企业通过知识创造或者获取来产生流入知识流的一种策略，企业内部 R&D 创造知识为内部知识源化战略，外部合作创造与获取知识为外部知识源化战略（Lin 和 Wu，2010）。开放式创新体系下，创新被认为是企业不断与外部不同行为主体进行互动的过程（Doloreux 和 Parto，2004），企业越来越依赖外部技术获取（Calantone 和 Stanko，2007）。企业与外部研发机构之间建立的联系是企业获取创新知识的重要来源（Gu 等，2008）。而外部知识源化（External Knowledge Sourcing）正是企业通过外部合作创造与获取知识不断产生新知识流以积累和更新知识存量，在与具有技术优势的企业、大学和研究机构进行合作研发、研发外包、委托技术开发等模式的相互作用和相互影响中实现"创新范式转型"（Alberto 等，2010；高良谋和马文甲，2014）。例如 Vega - Jurado 等（2009）基于西班牙创新战略经验，发现外部知识源化战略通过对外部企业、大学和研究机构来源分别进行购买技术和合作开发方式实现。

早前国外学者发现企业越来越重视并加强了与外部的联系，显著依赖不同形式的外部合作（Gulati，1995）。这些外部合作可以降低企业创新风险和市场准入门槛以及资金投入成本等，例如 Inkpen（1998）认为企业在外部研发合作中以获得的隐性知识来补充现有的知识基础，其中技术合作联盟是最有效的途径。Khanna 等（1999）提出为更方便掌握合作方的先进技术知识，企业通过系统合作关系改造优化自身落后技术，并且避免引起竞争者察觉。通过外部知识合作也能够减少创新技术成本（Gulati，1995；Hamel，1991；Ring，1996）、增强竞争力、分散机会成本和风险，学习合作企业先进而独特的技术经验，加快知识创新的进程，赢得多变的竞争市场（Harrigan，1998；Hagedoom，2000）。

随着企业外部研发合作实际情况的变化和研究的深入，基于合作网络构建和社会资本的文献研究引起了国外学者的探讨。社会网络视角下，早前 Nahapiet 和 Ghoshai（1998）首次提出结构、关系和认知组成社会网络的外部合作理论三个部分。Tsai 和 Ghoshal（1998）通过进行问卷调查分析提出结构维度、关系维度显著地影响合作企业间资源交换的程度。Gulati 和 Gargiulo（1999）研究发现完善外部合作的信息沟通途径可以促进合作间的共同目标达成或保证合作一致性，进一步减少合作过程费用。基于这些已有研究，Young（2000）提出外部合作中的关系质量概念，其重要衡量程度指标表述为关系强度。Chesbrough（2003）提出外部合作成功的关键因素为组织边界开放性，通过组织边界开放取得有效的多元外部网络联系。基于数据分析，Levin 和 Cross（2004）提出外部合作可以划分为关系结构、关系质量和关系认知。总之，对于企业外部知识获取，已有越来越多的企业利用外部网络来实现自身创新，这种网络联系通过稳定有效的知识技术合作推动创新，成为不可或缺的创新路径（Miozzo 和 Dewick，2004）。也有研究从企业社会资本视角分析了企业外部知识搜索和获取。具体来说，Koka 和 Prescott（2002）首先将社会资本定义为企业从联盟中能获取的信息利益。各层次社会资本都有助于企业识别并获取知识技术来增强自身能力（Gilber 等，1996）。此外，由于知识复杂多样特征，通过社会资本获取知识效应机制也具有异质性。Nonaka（1994）认为隐性知识实际是知识技术的独立性，通过网络关系流动。Yli－Renko 等（2002）以知识获取为中介变量，研究关键客户社会资本与知识利用之间的关系发现社会联系促进知识获取，且外部知识获取推动有效利用，而关系质量呈现负面作用。Elfring（2003）认为个体社会关系是技术流动的关键因素之一，强度较高促进隐性知识挖掘，较低程度则推动显性知识流动。

（3）非研发路径。

相关学术研究以及创新政策大多以提升企业研发能力为着眼点，相对于研发创新，非研发创新在理论和实践中一直都被忽视。Arundel 等（2008）指出欧洲企业仅有 5% 创新投入属于非研发用途。创新并不等同于研发，尤其是战略性产业创新过程中大多存在多种非研发活动，包括技术改造、技术引进、消化吸收、购买国内技术等。

国外首先较早出现了相关非研发创新活动研究。其中，Stead（1976）首先提出研发不等于创新，创新也不仅仅包括研发。随后，Kline 和 Rosenberg（1986）认为非研发活动具有不可忽视的作用，创新并不基于正式研发。Dosi（1988）认为开发、模仿或采用一种新组织形式也是创新，不仅仅基于研发。

Lundvall 和 Johnson（1994）认为干中学是创新源之一。Brouwer 和 Kleinknecht（1997）提出非研发活动含有创新性资产投资、设计、申请专利和许可授权、市场、人力资源、外部资源、合作等活动，Hansen 和 Serin（1997）也支持了 Brouwer 和 Kleinknecht（1997）的研究，也就是说，除了正式的研发活动之外还有很多其他的非研发创新活动。早在 20 世纪 90 年代，OECD 和 Eurostat 联合出版的 OSLO Manual 手册以及欧盟创新调查（CIS）在意识到企业中非技术性创新的重要性后，开始组建统计企业非研发创新数据（OECD，2010）。基于欧盟创新调查，Evangelista 等（1998）研究表明相比 20% 的研发资金，非研发设计和生产均占 10% 左右。此外，国外研究焦点多集中于中小企业（SME），由于它们通常并没有正式的研发机构（Kleinknecht，1987；Santarelli 和 Sterlacchini，1990；Kleinknecht 和 Reijnen，1991），非研发创新活动在中小企业中发生得非常频繁（Sterlacchini，1999）。或者说，创新能够在研发水平很低，甚至不进行研发的行业和企业中产生（Santamaría 等，2009）。

以上可以看出，国外早期的相关研究很零散，主要关注企业研发之外的一些具体的创新活动或模式，并未正式提出非研发创新的概念。多数研究认为非研发创新概念主要包含创新性资产投资、设计、申请专利和许可授权、市场、人力资源、外部资源、合作等活动（Santamaría 等，2009；Brouwer 和 Kleinknecht，1997；Sterlacchini，1999）。随后，OECD（2002）提出区别研发活动与非研发活动的基本原则为某科学或技术新颖性和不确定性。近年来，Arundel 等（2008）首次正式提出了非研发创新技术引进、渐进式改良、反求模仿以及现有知识的创新运用四种典型模式，并进行研究表明内部研发与非研发可以创造的经济效益大致相等。基于这些研究，Som（2012）类似地界定了德国制造业五种非研发类型。也有学者如 Jensen 等（2007）提出除了研发驱动外，另一种基本创新是基于经验和工艺流程途径。通过新的商业模式、管理技巧和组织结构等都可以进行创新（Bakan 和 Yildiz，2009）。亦有学者认为非研发创新活动依赖于知识扩散，尤其是外部知识获取（Huang 等，2010）。

1.2.1.2 创新绩效及效率相关研究现状

要探索和构建有效的创新发展提升路径体系，就必须在系统研究创新路径基础上，分析创新发展绩效和效率体系及配置，逐步对技术创新系统进行改进，以有效实现创新驱动发展。绩效总体上表现为活动最终结果（Wheelen 和 Hunger，2000），主要指表现、成就或成绩（罗亚非，2010）。Agarwal 等（2003）认为基于区别衡量差异，客观绩效是利润、市场占有率等客观财务指标度量，而判定绩效是忠诚度、关系质量等主观指标度量。进而，基于绩效研究，Hagedoorn 和 Cloodt（2003）指出狭义的创新绩效是企业发明创造的市场化程度，广义上则是市场化的整个过程的各环节成就表现。Jantunen（2005）提出创新绩效是企业进行产品或工艺创新后得到的增加结果或成就。

与绩效相对应的是效率，帕累托将其定义为无情况能在不使其他境况变坏的同时使任何境况变得更好。萨缪尔森认为效率是不减少一种物品生产就不能增加另一种物品的生产经济有效状态。有关技术效率方面，Farrell（1957）首次开创性地提出了技术效率的基本概念，使用各个生产单元与前沿面的距离来测度效率。通常来说，技术效率基于生产可能性边界来判别，呈现最优的投入产出结构。进而，Fare 和 Lovell（1978）及 Fare 和 Groosskopf（1983）等人提出完善的经济效率由技术效率和配置效率构成。前者表现既定投入下获取最大产出，后者为既定投入价格下以最优比例投入。Afriat（1972）也提出技术效率是在不增加投入（或不减少产出）时，技术上不可能增加产出（或减少投入）。Coelli 等（2005）进一步提出研发效率体现创新能力，表现为该期研发投入与研发产出的比例。

随后，大量研究开始对技术创新效率方面进行测算，且国外学者多集中于区域层面：Lee 和 Park（2005）运用 DEA - CCR 及 DEA - BCC 模型对亚洲 27 个国家（地区）的研发效率进行分析显示，日本、新加坡的研发效率较为有效，而韩国、中国及中国台湾还存在明显不足。Kocher 等（2006）对 OECD 国家研发效率研究发现仅仅美国可以达到有效状态，且研发效应需要在国家当地进行围绕扩大创新生产规模导向下努力。基于 30 个国家区域，Wang 和 Huang（2007）运用三阶段 DEA 模型测度创新效率表明创新效率有效的样本数量不到 1/2，且多数表现为规模收益递增。Sharma 和 Thomas（2008）研究表明研发效率规模报酬不变时中国、日本和韩国达到有效，而规模报酬可变时印度、中国、日本、韩国、斯洛文尼亚和匈牙利有效。变化情况上，Thomas 等（2011）以美国及哥伦比亚地区数据为实证样本研究发现，存在一定效率改进的国家为巴西、印度、中国和韩国，而印度尤其显著。Cullmann 等（2012）基于 OECD 国家的效率研究表明竞争有利于有效创新激励和资源配置、提高研发效率。Guan 和 Chen（2012）通过对 22 个国家的创新效率测度发现多数国家的上游研发效率和下游商业化效率之间并不是协调一致的，下游商业化效率较大影响整体创新效率。Carayannis 等（2016）基于提出的国家和区域创新效率的综合评估和分类框架，对 23 个欧洲国家和 185 个相应地区创新效率测度表明不同阶段和层次的效率得分存在较大差异，也意味着与创新效率的预期标准存在显著差异。Li 等（2017）基于动态 DEA 相结合的新框架，针对中国区域高新技术产业效率评价表明东部地区始终处于领先地位，中西部地区明显落后。东部地区技术水平最高，西部和中部地区依次落后。然而，西部地区的元技术比迅速上升，呈现赶超东部的趋势。

产业企业层面，Kim 和 Han（2001）通过随机前沿方法对韩国制造业分析发现技术进步是生产率提高的主要原因，技术效率变化和规模效率分别发挥增长和降低效应。而 Sun 等（2005）从行业比较的角度对韩国制造业的技术创新效率进行测度显示技术进步既存在于高技术产业，也存在于低技术产业，技术进步和技术效率两方面需要同步改进。Chen 等（2006）基于中国台湾地区新竹科技园 6 个高技术产业研究表明计算机、半导体行业和精密仪器行业生产效率较高。Hashimoto 和 Haneda（2008）基于日本医药产业变化分析表明其产业技术创新效率长期表现为单调递减状态。Guan 和 Chen（2010）将高技术产业创新过程分解为 R&D 和科技成果商业化两个相互关联的子过程，利用关联型网络 DEA 模型测算高技术产业创新效率值，具有重要的理论贡献。Kao 和 Hwang（2014）将中国台湾地区非寿险行业的生产分为保费获取和利润产生两个阶段，溢价收购阶段比利润产生阶段效率更高。

国外学者对创新绩效及效率的影响因素也进行了较系统的研究。目前相关研究并没有统一的标准，除了上述创新路径因素外，人力投入和各种资金投入一样，作为知识生产函数中基本要素之一（Guan 和 Chen，2010），为企业进行技术创新提供了基础和可能性，直接影响技术创新效率，尤其是对基础性创新的人力资本支撑作用更直接（Zhang 等，2003）；企业规模也是技术创新的重要影响因素之一。多数学者认为产业内平均规模越大的企业能够有充分的资金和基础设备来支持企业的创新研发和效率提高（Lee 等，2010；Segarra – Oña 等，2011）；也有学者提出异议，平均规模越小的企业的创新意识更强，反应更加迅速，创新投资的促进效应更大（Horta 等，2012）；同时，竞争性环境可以给研发活动带来更大的激励，市场集中度越高，越能有效促进创新绩效提升（Wan 等，2005）。在涉及 FDI 创新溢出效应中，Cheung 和 Lin（2004）发现 FDI 流入及其溢出效应有效促进技术创新发展。相反，Romijn 和 Albaladejo（2002）、Girma 等（2008）研究表明 FDI 对东道国技术创新提升作用并不显著，而且具有一定程度的负向影响。一般来说，政府运用财政拨款及税收补贴等研发资助手段推动地区创新，一定程度上能够促进创新水平提高（Beaudry 和 Allaoui，2012；Kang 和 Park，2012）。但同时存在对企业投入的"挤出效应"（Wallsten，2000），降低其创新效率（Mulyanto，2014）。国际贸易是知识流通的主要方式之一，一般认为出口交易能够促进国内外的知识转移，有利于创新绩效的提高（Tavassoli，2015），尤其是在技术创新活跃的产业中，行业出口导向度具有重要影响（Rasiah 等，2016；Neves 等，2016）。总之，创新环境不同导致创新效率差异，良好的创新环境是创新开展的强大动力，而缺乏协调的创新环境则抑制创新效率（Fritsch 和 Slavtchev，2007）。

1.2.1.3 影响效应相关研究现状

（1）自主研发路径影响效应。

产业内技术的改变通常与其内部研发活动紧密相连（Cohen 和 Levinthal，1990），自主研发作为产业或企业的内部知识源（Lin 和 Wu，2010），多数学者从不同角度突出了研发创新的必要性和意义，认为企业技术能力提高主要来自内部的 R&D 活动，内部 R&D 创新可以有效地促进国家的技术发展，提升国家的技术实力，即内部研发经费支出与创新绩效之间存在正相关关系。国外关于传统研发创新驱动创新发展的研究，Kim（1993）等通过 10 个国家数据实证研究发现 R&D 与技术引进互补性减弱后，自主研发逐渐成为创新绩效提升的关键力量。Parisi 等（2006）对意大利公司的统计研究发现研发创新通过对新技术的消化吸收能够提高生产率。Jonker 等（2006）基于机械造纸业经验进行案例研究，得出研发创新投入与产出绩效存在明显的正相关关系的结论。Sun 和 Du（2010）对中国进行研究表明自主研发对技术创新进步发挥了主导作用。Vega - Jurado 等（2009）、Khanna 等（1998）、Yam 等（2011）均得出了正向关系的结论。

虽然多数研究表明 R&D 提高创新绩效，但随着研究的不断深入，研究发现 R&D 投入对技术创新的影响并不确定，在某些情况下两者之间还可能表现出非显著相关性，且研发创新的效应并不都是正向的，即存在负向作用。研发投入并没有呈现出比外部途径的投入用途更为有效的结果（Erickson 和 Jacobson，1992；Bottazzi 等，2001），R&D 投入也并不是越多越好，不断上升的 R&D 投资并没有转化成产出增长（Dosi 等，2006；Braunerhjelm 等，2010；Olof 等，2011），这也遵循了投入要素边际报酬递减规律（Olof 等，2011；Chen 等，2018）。

（2）外部知识源化路径影响效应。

近年来，随着创新资源的配置格局以及一系列技术活动环境的快速变化，技术创新领域不断由封闭式创新向开放式创新转变，在强调外部技术合作和外部技术资源获取的开放式创新环境下，越来越多的学者开始关注外部知识源化、非研发创新对于创新活动的重要性。

关于外部知识源化驱动创新发展的研究，Reagans 等（2003）研究发现外部研发机构的联系能够促进知识，尤其是隐性知识向企业的流动，同时，外部知识源化可以提供互补性的知识技术信息，减小创新风险以增加创新稳定性，推动创新发展。Hewitt - Dundas（2006）认为外部知识合作和联系得到的知识技术能力反过来刺激推动企业开展更多创新。各合作企业对知识技术信息进行交流互补，弥补单个方面资源和能力的不足（Ang，2008）。Todtling 等（2009）基于奥地利企业数据研究表明外部合作创新对新产品创新存在显著作用。进一步，Yeoh（2009）认为企业在 R&D 合作中可以吸取不同类型的知识，而且企业与外部知识源互动可以更多地从合作伙伴处学习技术知识，从而提高创新产出。随后，Yamakawa 等（2011）也发现企业中探索型合作联盟数量显著影响其创新水平。Broekel（2015）基于德国区域和产业证据表明合作式研发补助显著促进了区域创新效率的提高。外部创新合作较大程度上有利于企业应对创新投资风险和技术变革（Sampson，2007；Wu，2012）。

然而，Man 和 Duysters（2005）提出企业的外部合作存在不一致的作用效应，对其技术创新的影响存在正向、负向与中性的不同结论。具体来说，外部知识源化和联系各个环节会带来更多创新成本，并在一定程度上增加结构调整风险（Gulati 和 Singh，1998）。企业间合作研发实践的失败率较高，与研发机构的合作研发（Caloghirou 等，2004）以及与竞争者的合作研发（Nieto 和 Santamara，2007）均对企业创新产生负面影响。Vega – Jurad 等（2009）通过对西班牙制造业实证分析发现，即使内部研发活动中使用了更多的外部知识源相关的知识（合作）也并没有促进创新绩效提高，外部技术来源对技术创新的影响非常弱。Laursen 和 Salter（2006）分析发现外部知识源探索对技术创新的影响呈现倒 U 型。开放式创新下随着研发边界开放会导致内部研发机会成本的增加，对创新绩效产生显著负向效应。进而，在较短的时间内，外部知识源化更为有益，但是长期来看，外部知识源化具有负面的影响。Chen 等（2018）和 Berchicci（2013）的研究也支持了 Laursen 和 Salter 的观点。总之，内部和外部研发在不同程度上可能互补，也可能相互替代（Cassiman 和 Veugelers，2006；Hagedoorn 和 Wang，2012）。

（3）非研发路径影响效应。

关于非研发驱动创新发展的研究。Santamaría 等（2009）基于西班牙制造业中低技术行业和高技术行业数据，对比分析发现非研发活动对所有类型企业的创新具有显著影响，是促进技术创新的重要影响因素。Barge – Gil 等（2011）、Hemmert（2004）、Hervas – Oliver 等（2011）也得到了类似的结论。非研发活动可以导致创新活动，如技术预测、设计，利用先进的制造技术和培训。非研发活动是任何企业产品和工艺创新的关键因素，特别是缺乏进行研发管理的情况下（Barge – Gil 等，2011）。Chen 等（2018）认为当地区知识积累的门槛较低时，非研发创新的正向影响较大，而随着知识积累水平的门槛不断升高，非研发创新对创新绩效的积极促进作用越来越小。

反过来，非研发技术创新者可以大量使用组织和营销等活动，以弥补他们在研发活动中的投入不足（Hervas – Oliver 等，2015）。非研发活动是驱动外部获取知识的核心因素，然而，研发经费支出却贡献较小（Hervas - Oliver 等，2012）。但需要注意的是，他们的研究多集中在了发达国家中低技术（Low and Medium Tec）企业中，发展中国家产业尤其是高技术产业研发基础仍然薄弱，而非正式 R&D 研究却非常少。

总之，企业创新及其过程构建不仅仅基于研发，可以通过研发和非研发不同的工作实践和不同的过程构建形成（You - Na Lee 和 John，2016）。

1.2.2 国内研究现状

1.2.2.1 创新路径相关研究现状

（1）自主研发路径。

自主研发是我国提出的专有名词，但研究缺乏系统理论支撑，比较零散，而且更多是以自主创新为中心。国内学者陈劲（1994）最早提出“自主创新”概念，并认为研究与开发是自主创新的关键学习途径和实质。在此基础上，杨德林和陈宝春（1997）首次对自主创新进行明确论述：企业自主创新是通过独自研究开发进行技术创新的活动。付家骥（2000）认为自主创新是主要依靠企业自身努力实现创新各环节，独立实现核心技术开发，不同于合作创新。周寄中等（2005）提出运用原始性创新、集成创新及引进消化吸收掌握核心知识技术，最终推动国家创新。

国家战略层面上，《国家中长期科学和技术发展规划纲要（2006—2020 年）》以及政府十八大报告明确自主创新注重“原始创新、集成创新和引进消化吸收再创新”。随后，在此基础上，黄少波和陶晓玲（2006）根据不同技术源区分自主创新为原始创新、模仿创新和集成创新三种基本类型。陈劲和王方瑞（2007）在传统“熊彼特创新模式”的基础上创造性地提出了“拓展性破坏模式”和“突破性强化模式”两种自主创新模式。基于创新过程，王生辉（2007）将自主创新划分为突破性创新和非突破性创新，且后者包含适应性、整合性和升级性三种模式，更为适用于我国目前情景。王玉锁和罗永泰（2007）提出了针对高技术企业自主创新能力的模仿创新、校企联盟的原始性创新和集成创新模式。黄西川和幸炜（2007）也认为自主创新包含原始创新、集成创新、引进消化吸收再创新三种，它们之间存在相互联系。进而，杨燕和高山行（2010）基于对三种自主创新模式的区别以及它们对创新来源、创新成本和创新有效性的不同影响研究发现三种创新模式有关的知识隐性、系统性、复杂性都不同。范柏乃等（2013）对中国自主创新政策的实施研究发现在创新投入、创新产出、高新技术产业发展、区域创新能力协调发展等方面产生了不同的政策效应现象。随后，基于目前研究，侯建和陈恒（2016）更为明确地将中国高技术产业自主创新模式分为原始创新（ORI）、集成创新（INI）和引进消化吸收再创新（DAI）三种具体形式。其中，原始创新采用研究发展内部经费支出衡量原始创新程度，并以研发知识存量计算。集成创新是系统内、外部创新要素持续融合的自主创新，即高技术产业进行选择、优化和配置整合本国不同领域复杂知识技术协同创新的能力。采用技术引进经费支出与购买国内技术经费支出之和表示集成创新程度，同样进行存量计算。引进消化吸收再创新是高技术产业在技术引进基础上，通过消化、吸收的过程中形成具有本国特色的自主创新，是一个反向技术能力积累过程。采用技术改造经费支出与消化吸收经费支出之和表示引进消化吸收再创新程度，并进行存量计算。

国内学者也对自主研发的影响因素从不同角度进行了分析。邢斐和张建华（2009）研究表明 FDI 替代效应和技术溢出并存，前者短期内影响显著；后者各期内均不显著。盛垒（2010）认为外资研发投入由于不同行业效应各异，显著正向推动内资企业自主研发，而在创新投入上的作用有限。葛沪飞等（2010）将自主研发选择影响因素归纳为主观与客观共五个因素——创新压力、创新信心、创新氛围、研发体系、创新外部依赖，各影响因素的作用是动态变化的。周亚虹等（2012）基于广义 Cobb – Douglas 生产函数研究发现了自主创新关键影响因素包括技术推动、需求拉动、企业规模、资产流动性、企业是否国有等。郭春野和庄子银（2012）发现严格的知识产权保护对南方自主创新的激励效应以及南北双方的总体效应，依赖于南方的初始技能劳动水平和北方创新性质导致的市场结构。产业升级角度，吴丰华和刘瑞明（2013）研究表明向第二、三产业升级能够有效带动自主创新能力提升；中国东部、中部、西部经济发展阶段的差异性导致了三大区域产业升级带动自主创新能力的差异性；政府干预、开放水平、投资变化、

FDI对自主创新的影响也呈现区域差异性。马卫红（2015）实证表明对我国高技术产业自主创新发挥作用的主要是行业内企业自身的R&D资本投入。付明卫（2015）等认为国产化率保护（DCP）是发展中国家保护本国幼稚产业、促进自主创新的政策之一，国产化率保护对自主创新具有显著的正向影响。罗伟和葛顺奇（2015）研究表明跨国公司进入降低了中国制造业以研发倾向和强度衡量的自主研发水平，同时存在直接和间接的抑制效应。侯建和陈恒（2016）研究表明中国高技术产业自主创新模式作用受到了显著的知识产权保护动态门槛效应作用；总体上，知识产权保护力度较小时，自主创新模式显著正向驱动专利产出，反之，自主创新模式则一定程度负向影响专利产出提升；随着知识产权保护力度加强，三种自主创新模式驱动机制亦存在差异，高技术产业实施原始创新模式可以将其不利影响减至最低。

（2）外部知识源化路径。

国内学者从不同视角展开外部知识源化的相关研究。基于组织学习考量，吕人力（2006）提出外部合作是以主动性为基础的本质上互补对依赖的重视、构建与实验，即为组织学习活动。资源合作与获取视角，党兴华和刘兰剑（2006）则提出外部合作是多个独立组织的结合，且会推动技术创新发展。李翠娟（2007）基于跨国合作中外部知识剩余，提出外部知识合作符合现实发展产生的需求。郭军灵（2008）认为外部知识联系目的在于缓解复杂市场竞争压力，并从中获取新技术促进企业成长。外部合作实践上，陈劲等（2009）认为知识集聚是最为有效的途径，例如研究院校与企业合作。何景涛与安立仁（2010）认为创造产品价值是企业外部合作创新的根本动因，并将其合作分为知识供应链、知识集聚、知识嫁接三种模式。社会网络理论视角下，对企业外部合作的有效机制的研究显示，保持外部间的交流联系和高度信任才能更多地减少合作中的矛盾成本，并反过来增强合作联结（武志伟和陈莹，2007）。进一步，基于合作网络维度，刘寿先（2008）将外部知识合作分为结构维度、关系维度和认知维度三个方面，其分别注重外部合作的联系结构性、关系有效性与目标同步性等。

此外，以研发外包为视角，伍蓓等（2008）在总结和归纳国内外研发外包领域相关研究基础上提出了三种研发外包模式：效率型、增强型和创新型。周正柱（2011）基于对上海生物医药研发企业和软件开发研发外包的深度访谈及调研发现，研发外包内部动因主要表现在降低成本、获得专业化服务、提高产品质量等方面；外部环境因素主要有技术、经济、市场、政府和国际组织的态度与相关政策。刘清海和史本山（2012）分析了事前研发外包契约的选择对事后效率的影响结果，发现只有研究单位得到应有的权利时才会提供全部的创新知识，事前签订固定许可费用契约易产生敲竹杠成本。刘克宁和宋华明（2014）研究结果表明高成本系数接包方的收益共享系数将被向下扭曲，低成本系数接包方获得了保留效用，随着市场中高成本系数企业数量的增加，发包方的期望收益降低。季成等（2015）认为中国研发外包的现状和特点已经呈现出融合发展的态势。

（3）非研发路径。

关于非研发，国内方面，研究尚处于起步阶段，关注较少，还没有形成正式的理论和系统的研究体系。国内学者陈劲和陈钰芬提出企业创新投入包括如技术引进与消化吸收费、技术改造费等非研发支出，揭示了开放式创新体系下非研发创新要素创新绩效的作用。

国内最早进行非研发系统研究方面。刘仿（2013）在国外研究基础上首先总结了国内非研发理论结构，界定了知识技术采用、改造、营销与组织创新等主要非研发类型。同时，杨洪涛和陈丽（2013）提出了培训、设计和采用先进生产技术三种非研发模式。进而，通过系统对比研究总结与数据分析，孟禹（2014）认为产品与服务定制、模仿与设计、外部技术采用与改良、组织创新和市场营销创新为非研发创新的典型类型。基于国外已有研究，郑刚等（2014）根据国内实际情况，构建出国内非研发创新四种主要类型：技术和知识采用、反求工程与模仿创新、集成创新和市场创新，丰富了现有非研发创新理论基础。随后，基于郑刚等（2014）提出的非研发理论框架，杨桂菊等（2015）对其已有非研发创新的研究缺口进行了补充分析。杨桂菊和李斌（2015）以三星电子的品牌升级过程、机制与模式为例研究发现，现代工业企业需要在企业家精神的驱动和人才培养机制与企业文化的保障之下，通过实施4W维度的10多种非研发创新行为，突破后发劣势，实现品牌升级。刘小玲等

（2015）结合当下著名互联网企业的实践，归纳出企业非研发创新活动的四个主要特点：技术能力与商业模式相互促进，用互联网思维建设产业生态系统，强大的价值链环节定位能力和流程改造，组织创新与信息技术的耦合。侯建和陈恒（2017）首次对我国高技术产业非研发创新路径特征、地区异质性和发展趋势进行了较为系统的研究，发现东部地区高技术产业开展非研发创新活动的经费远高于中西部地区，而西部地区以及东北地区高技术产业非研发创新投入比重要高于东部地区和中部地区，地区异质性显著。

总之，无论外部知识源化或内部研发，传统创新模式通过研发（R&D）这一主要或唯一途径进行创新。事实上，技术创新领域的先导性、战略性产业大多存在多种非研发（Non - R&D）投入用途，包括技术改造、技术引进、消化吸收、购买国内技术等（谢子远和黄文军，2015；侯建和陈恒，2017；曹勇和苏凤娇，2012）。

1.2.2.2　创新绩效及效率相关研究现状

国内学者对创新绩效及效率也进行了分析解释。高建等（2004）认为技术创新绩效是其整体过程的效率、产出的成果以及对市场运营的成效。萧鸣政（2007）提出绩效是效果、效率与效益的综合反映解释，因此，组织、个体基于某种外部条件实现其活动带来的成效、效率和效益。评价方面，戚湧和李千目（2009）认为绩效评价是通过有效、可靠的测定途径，对某段时间内活动任务的投入、产出和效率、成效进行理论与数据研究，做出真实、客观、公正的综合性评判。孙健（2012）总结提出创新绩效需要涉及技术创新投入与技术创新产出两类型测度问题。对应地，朱有为、徐康宁（2006）、白俊红和蒋伏心（2011）认为创新效率反映的是创新投入和产出间的转化程度，反映实际创新产出到生产前沿面的距离。樊华和周德群（2012）认为科技创新效率是科技投入产出的转化率，即在某种知识技术条件配置下单位技术创新投入获得的产出，或单位技术创新产出需要的投入。基于以上研究，进而对于创新驱动效率的界定，陈一恋（2015）认为创新驱动效率是技术创新的人力与资金单位投入在促进技术创新对经济增长的贡献度上的增长比例、边际或弹性大小，理解为创新驱动投入与产出效率。梁龙武等（2016）指出创新驱动需要以创新投入和创新产出测定，分别为促进创新驱动的投入要素和创新驱动投入后带来的推动经济发展的幅度，并将其比率定义为创新驱动效率。

国内研究对创新的效率进行了大量测算，以反映创新驱动发展变动。主要代表有：区域层面，朱雪珍等（2013）以江苏省为例，研究显示其知识创新效率、科技商业化效率和整体效率均不高，且创新整体效率呈现明显的地区效应，南部最高，中部其次，而北部最低。基于中国30个省份地区的面板数据，曹霞和于娟（2015）研究表明中国省域研发创新效率处于较低水平，尚有较大的提升空间，且各省域研发创新效率差异性较大，发展不均衡。程慧平等（2015）同样选择中国30个省份为研究样本，运用SFA方法测度发现我国整体R&D创新和转化效率值均低下，东部地区最高，中部次之，西部最差，且各省创新效率和转化效率基本保持不变。刘满凤和李圣宏（2016）对我国高新区的创新效率研究表明技术效率、纯技术效率和规模效率最高的是长三角和珠三角地区，其次为东北和环渤海地区，最差的是西部和中部地区。进而，在总结创新驱动效率概念基础上，梁龙武等（2016）首次基于中国省际面板数据，以地区GDP作为产出指标，以R&D投入量、专利授权数、R&D机构人员数、高技术产业企业数据测度投入指标，分析探讨中国省际创新驱动的全要素生产率表明整体上中国区域创新驱动效率处于上升趋势，规模效率较高，技术效率偏低。进一步，吴卫红等（2017）分别从创新驱动知识发展和创新驱动经济环境发展两个角度，对中国30个省份创新驱动发展效率水平做出实证测算，表明整体上创新驱动知识发展的效率大于创新驱动经济环境发展的效率，且省域之间的创新驱动知识发展效率和创新驱动经济环境发展效率水平差异大。

产业企业层面，主要代表研究有：肖仁桥等（2012）首次构建规模报酬可变情形下的两阶段链式关联DEA模型，研究表明中国高技术产业整体效率和各阶段效率均不足，并以U型变动状态表征。赵树宽等（2013）基于构建高技术企业创新效率评价指标体系，研究表明吉林省高技术企业创新整体效率不足，企业类型间效率异质性显著，其中规模效应无效严重制约了整体创新，且多数企业呈规模报酬递增态势。具体分行业上，邬龙和张永安（2013）以北京市信息技术和医药两大代表性战略性新兴产业为例，分别对其创新效率进行了分析，表明前者创新效率逐年快速提升，而后者产业虽然技术创新效率较高，但创新产品转化效率较低，产业缺乏市场竞争力和创新动力。冯志军和陈伟（2014）测评发现中国高技术产业及其细分行业不论是从研发整体上还是从其两个子阶段，效率值都较小，仍然存在显著的发展余地。其中，除了电子计算机制造业等细分行业表现为有效的高研发、高创新，其他多数行业分阶段效率均存在一定不足。肖仁桥等（2015）从价值链角度出发，测度中国不同性质工业企业、内资等三类企业的研发和成果转化效率，表明其创新整体效率均值较小，且内资、港澳台商投资企业和外商投资企业创新效率依次递增，效率差异明显。

国内对创新绩效及效率影响因素方面的研究，除了创新路径外，主要从如企业规模、FDI、对外开放、金融环境及政府支持等内外部创新系统要素几个角度展开。肖仁桥等（2012）认为科技创新阶段主要受到企业规模、滞后期变化作用，知识转化阶段主要受到劳动者素质、产业结构影响，而整体效率受到政府资助、金融环境影响效应明显。樊华和周德群（2012）研究表明工业结构、对外开放、高等教育水平显著推动技术创新效率提升，而政府作用存在不利影响。宇文晶等（2015）发现金融环境、区域经济水平显著作用于区域纯技术效率，而政府研发资助、对外开放程度及城镇化水平则作用不明显。人力资源和产业结构也分别影响各阶段创新水平。从地区和行业角度，李向东等（2015）实证检验表明金融环境、政府支持和产业规模并不利于地区创新效率的提升，而 FDI 显著地正向作用于行业创新效率的提升。对外贸易在地区和行业中均存在较为正向的促进效应。曹霞和于娟（2015）在分析研发创新效率的影响因素中发现经济水平、对外开放程度、政府资助、教育重视程度、产权保护意识以及信息化水平均是促进研发创新效率提升的有利因素。然而李平和刘利利（2017）研究发现目前在我国创新过程中政府研发资助对创新效率的影响为负，存在一定的“政府失灵”。国家层面上，李凡和李娜（2015）基于金砖国家相关数据，比较了其技术创新影响因素：贸易开放度是巴西技术创新的关键影响因素；基础设施程度主要限制中国技术创新；政府作用对印度科技创新至关重要；R&D 投入是俄罗斯技术创新的核心作用因素；而公共教育支出则对南非技术创新的影响最为关键。李平等（2016）利用 66 个跨国面板数据考察表明政府研发资助的技术效率具有国别差异：高收入水平国家、高城市化水平国家和人口密集区的政府研发资助的技术进步效应显著为正，而中低收入水平国家、低城市化水平国家和人口中等区、人口稀少区的政府研发资助的技术进步效应显著为负。

1.2.2.3 影响效应相关研究现状

（1）自主研发路径影响效应。

自主研发是中国学者提出的专有名词，其对于创新发展的影响，国内学者也做了大量研究，普遍认为自主研发有效促进了创新绩效的提升。具有代表性的研究主要有：侯晓辉等（2011）研究发现总体上自主研发与技术引进对我国的创新发展均呈现促进效应，但自主研发对创新的促进作用强于技术引进。李光泗、沈坤荣（2011）的研究也得到了一致结论。彭峰和李燕萍（2013）研究表明自主研发显著促进了高技术产业创新效率的提升。顾晓燕（2014）基于原始创新、集成创新、引进消化吸收再创新对知识产权创造的不同影响，提出合理选择三种自主创新模式等方面的建议。俞立平和孙建红（2014）基于自主研发与协同创新路径体系研究表明自主研发绩效显著，知识和技术的溢出效应降低了自主研发的弹性系数。白俊红和吕晓红（2014）实证研究发现，自主研发、协同创新与外资引进效应存在技术与市场异质性作用，仅有自主研发的市场导向科技创新发挥较为有利的推动作用。蒋开东等（2015）认为自主研发对科技产出的贡献显著，资源利用率最高。朱华桂和庄晨（2015）基于A股上市公司的面板数据研究发现自主研发创新和国内技术合作对生产率有显著的促进作用。俞立平等（2016）采用2000～2012年高技术产业面板数据研究发现自主研发对技术创新产出的贡献最大，弹性系数为0.336，自主研发是高技术产业最重要的技术创新方式，对技术创新产出的影响呈现上升趋势。方文中和罗守贵（2016）运用OLS、FE、系统GMM、OP方法研究表明自主研发中的R&D人力投入和国外技术引进对生产率有促进作用，但是自主研发中的R&D资本投入对生产率产生抑制作用。

除了线性正向影响外，也有学者研究发现自主研发的非线性作用特征。李平等（2013）实证结果证实了自主研发受到知识产权保护门槛值的影响，存在最优知识产权保护区间。严太华和刘焕鹏（2015）发现自主研发对知识积累的影响受到金融发展水平的限制，金融发展水平高的地区自主研发对知识积累具有更大的促进效应。洪俊杰和石丽静（2017）基于中国371家创新型企业的研发数据实证检验，发现自主研发与企业创新之间呈显著正相关关系，但是还受到地区制度环境的调节作用。陈恒和侯建（2016）、侯建等（2018）从地区知识积累视角改进并构建自主研发创新驱动科技绩效的非线性动态门槛模型，研究表明高技术产业自主研发创新驱动科技绩效的效应显著受限于地区知识积累水平的影响，随着知识积累门槛水平提升，自主研发创新驱动效益逐渐提高，存在基于知识积累水平的双门槛效应。

（2）外部知识源化路径影响效应。

企业不仅从外部直接获得技术，还可以借助本地网络间接实现外部联系与合作。知识外部流动受限于知识性质差异，一般来说，知识类别差异较大，其流动转移类型也更复杂（樊钱涛，2011）。国内研究起步相对较晚，结论也与国外研究类似，一方面有研究表明进行外部知识源化能够提升企业创新。例如，滕光富（2010）利用广东、河南、陕西等省的121家中小型企业数据实证研究，发现中小型企业的外部合作促进其技术创新，技术创新的实现可以寄希望于外部合作。张文红等（2014）结合社会网络理论和创新搜索理论研究，发现制造企业与外部研发机构建立联系能够提升企业创新，其中技术和市场知识跨界搜索具有完全中介效应。外部研发机构联系促进了技术和市场知识跨界搜索，反过来增强了企业创新。赵立雨（2014）基于Chesbrough的开放式创新模式分析表明外部技术获取正向影响了企业绩效，当内部R&D缺乏稳定时，外部技术获取与开发呈现有利的促进作用。李艳华（2014）基于企业知识理论视角分析，发现先进设备引进、技术许可、与大学技术合作对本土企业全球创新有积极影响，外部技术获取广度与深度都有助于企业实现全球创新。李柏洲和周森（2015）基于区域科研院所与其他创新主体间的关系分析，表明科研院所组织外部创新合作和员工创新行为对组织内部的创新行为、科技中介合作和企业新产品绩效间关系发挥了积极的中介作用，政府行为对科研院所组织外部创新合作、科技中介合作有正向的调节作用。易之卿（2015）认为外部技术获取能通过促进装配企业知识整合能力的增长，提高我国装备制造业集成创新绩效。孙林杰等（2016）通过对吉利汽车技术能力的发展演进经验总结和借鉴，提出鼓励进行外部知识源化活动，持续增强知识技术合作、技术改造与消化吸收能力，最终转化提升自身创新水平。

另一方面发现外部研发合作对于技术创新表现出负相关或者非线性相关。王涛（2012）实证表明新产品是否采用合作研发战略、高校邻近、同业邻近以及外溢技术的调整作用等没有对创新绩效产生显著影响。王玉和刘靖（2013）以593家信息技术业上市公司为样本实证研究，表明外部技术合作与专利申请数存在不显著的相关关系。张雨薇（2015）研究表明外部知识合作中除了契约型和所有权型，互惠型合作对其经济效益和创新能力呈现积极作用，但对市场效益产生负向效应。此外，在不同的技术活动阶段，采用不同的技术活动形式时，外部合作的替代性与互补性有所不同。付敬和朱桂龙（2014）以广东省343家技术中心企业为调查对象进行实证检验，表明企业内、外部知识源化战略均对其创新绩效产生影响，内部R&D与外部合作之间不但存在互补关系，而且存在补充关系，企业知识基础广度与外部R&D合作之间存在替代效应。刘克寅等（2015）发现当企业具有更强的技术吸收能力、较大的经济规模和具备以往技术转让经验时，内部与外部R&D之间的互补性较强，而企业的R&D投入（技术开发）与外部技术引进（直接技术利用）之间一般呈现替代性。赵立雨（2016）发现一定程度上依赖于外部R&D活动、获取外部资源的企业具有较高的创新绩效，但外部研发合作超过一定临界值，会降低企业创新水平，尤其对于高技术企业更显著。易靖韬等（2017）基于中国创新企业面板数据研究，发现企业外部研发合作与创新绩效呈倒U型关系，而且这种关系受到企业技术距离负向调节和市场距离正向调节。

（3）非研发路径影响效应。

国内学者对非研发的影响效应关注较少，实证研究微乎甚微，有待于进一步探讨。张婧和段艳玲（2011）认为非研发的渐进改良活动对企业绩效有积极影响，呈现显著的正相关关系。曹勇和苏凤娇（2012）研究表明R&D投入和非R&D投入对创新绩效都有重要影响，增加非R&D投入也是提升高技术产业创新绩效的重要途径。杨洪涛和陈丽（2013）基于对长三角地区制造业企业发放的230份问卷所获得的数据研究，表明设计和采用先进生产技术对创新绩效具有显著的直接正向影响，而培训对创新绩效没有显著的直接正向影响。基于中小制造企业数据，刘仿（2013）综合案例与实证分析结果显示非研发作为开展创新不可或缺的路径，对企业创新发展发挥了有效的积极促进作用。此外，对知识的消化吸收作用会影响非研发创新驱动效应。内外部知识基础和技术环境也发挥了积极的有利促进影响。孟禹（2014）通过实证分析发现产品与服务定制、技术引进改造、组织和营销创新发挥较大程度的正向推动效应，其中组织和营销创新驱动机制存在动态能力中介作用，且四种模式均对创新绩效起到正向效应，而技术引进改造与组织创新也有效推动了企业经济绩效提升。王雅娟（2015）研究表明模仿与定制、技术引进、组织创新和市场创新这四种非研发创新模式均对企业绩效有正向的影响。谢子远和黄文军（2015）认为非研发创新对高技术产业创新绩效的影响同时存在“促进效应”和“替代效应”。非 R&D 创新经费支出对高技术产业的专利产出和新产品销售收入整体上均产生了显著的正向影响。侯建和陈恒（2017）研究表明高技术产业通过非研发创新整体上对专利产出产生了显著的正向影响，而现阶段中国高技术产业非研发创新与外部知识源化、内部研发之间的协同驱动效应呈现不显著或微弱的负向作用。相反地，考虑到地区知识积累门槛限制，侯建等（2018）进而发现各地区非研发创新存在一定的负向影响。尤其是当地区创新水平门槛较低时，非研发创新的负向影响相对较大，随着地区创新水平的门槛不断升高，这种负面影响减小。

1.2.3 国内外研究述评

通过对国内外基于自主研发、外部知识源化和非研发的创新路径、创新驱动效率及影响效应相关研究系统分析，传统意义上创新路径和效率已经取得了具有一定启发意义的研究成果，且近年随着创新资源的配置格局以及一系列技术活动环境的快速变化，由封闭式创新向开放式创新的转变，开放式创新已经成为创新管理领域研究的热点问题，就创新路径对创新驱动效率的驱动关系和作用过程的研究，做出了引导性尝试和科学理论参考。然而，当前研究仍存在以下主要不足：

第一，国内外学者对于多种创新路径的研究多集中于单个路径内涵、特征、过程以及与创新绩效及效率的线性关系，研究了单一创新路径影响效应相关问题。创新驱动是不同创新路径共同作用与整合的复杂过程。而且当前理论界对于发展中国家创新路径作用过程的研究尚未形成统一观点，对创新路径方式的驱动结构关系缺乏一个有力的支撑框架与体系，尤其缺乏系统的高技术产业创新路径驱动关系理论基础，致使对技术创新方式的研究仍然比较混乱。

第二，尽管国外对于创新路径的研究相对成熟也形成了一定基础，但多集中在欧洲发达国家企业中低技术行业或小企业情境下的研究，国内学者则普遍忽视对非研发创新路径上的研究，尤其发展中国家高技术产业的非研发创新对效率影响的研究非常缺乏。在国内相比传统的内部研发，开放式创新条件下寻求外部知识源化，重视非研发创新途径等多样化路径的研究工作还处于起步阶段，相关数据支撑、模型工具和实证研究微乎甚微。同时，现有研究多是指出非研发创新的重要性和进行非研发创新的特点，集中在对非研发创新模式的探讨，缺乏非研发创新路径与其他路径的优化选择与对比分析。

第三，对于创新驱动效率问题。一方面，内容上国内外的研究对创新驱动的概念和理论界定已经较为清晰，但在相关绩效和效率测度上多集中于宽泛意义上的地区和产业创新效率计算，而针对创新驱动的效率的文献较少，尤其是有效聚焦创新驱动关键领域的高技术产业的创新驱动效率的研究更是少见。另一方面，方法上创新驱动是一个复杂的系统过程，影响创新发展因素较多，内外部环境因素也会产生重要作用。现有国内外研究多注重评价指标体系和效果，以影响因素为基础来有效处理其环境因素和随机误差影响方面问题的效率研究微乎甚微，不能真实反映产业实际决策和管理水平，导致一定程度的结论偏差；而且对同属生产前沿面单元没有进行有效甄别，没有充分体现出创新驱动的时空异质性体系配置特征。

第四，不同类型的技术路径模式以不同的方式影响创新发展，究竟应该采取什么样的技术创新方式仍然没有一个确切的答案。由于中国经济基础、技术发展水平和创新资源积累等区域异质性严重，任何一种创新路径都需要与地区创新环境及发展异质门槛情境相匹配。现有大多数文献倾向于孤立地关注单个创新路径对创新发展的影响，以及受限因素对产业创新的静态线性作用机制，几乎没有将异质性情境下受限因素异质特征，与创新路径对创新驱动效率的驱动效应置于同一个框架下比较，分析其中深层次的非线性动态内生关联，不同的创新环境要素差异对创新模式和作用可能产生不同特征效应，忽略中国高技术产业创新驱动中存在的重要受限异质要素会造成估计结果有偏，有必要进一步拓展。

1.3 本书的研究思路与研究内容

1.3.1 本书总体思路

本书依据提出问题、分析问题、解决问题的逻辑架构，以“创新路径—驱动效率—效应分析—比较研究”的脉络研究了创新驱动发展下的创新路径对高技术产业创新驱动效率的影响效应问题。在概念模型与理论框架构建基础上，首先，通过系统分析高技术产业创新路径的基本问题来明晰其组成、关系结构以及数量特征、发展趋势、问题原因和时空格局演化等；其次，运用环境因素、随机误差与异质分析结合的综合测度模型更为准确地识别和探究高技术产业创新驱动效率的异质性、时空变化及来源体系；再次，基于前文创新路径驱动系统结构和关系理论，在明晰多元创新路径对驱动效率的驱动结构体系基础上，实证考察创新路径对高技术产业创新驱动效率驱动作用的线性驱动效应及其协同交互驱动效应；又次，由于创新门槛要素时空差异对创新模式和作用可能产生异质特征效应，各地区产业创新路径驱动的差异还取决于是否成功跨越相应的门槛值，以各地区高技术产业技术创新中存在的知识积累异质门槛要素区间特征为出发点，深层次全面剖析了创新路径对高技术产业创新驱动效率影响效应中的动态非线性的知识积累异质门槛特征效应；最后，通过对上述创新路径、驱动效率与影响效应分析的异质比较研究，针对性提出推动实现高技术产业创新驱动发展的有效政策建议。本书总体框架见图 1－1。

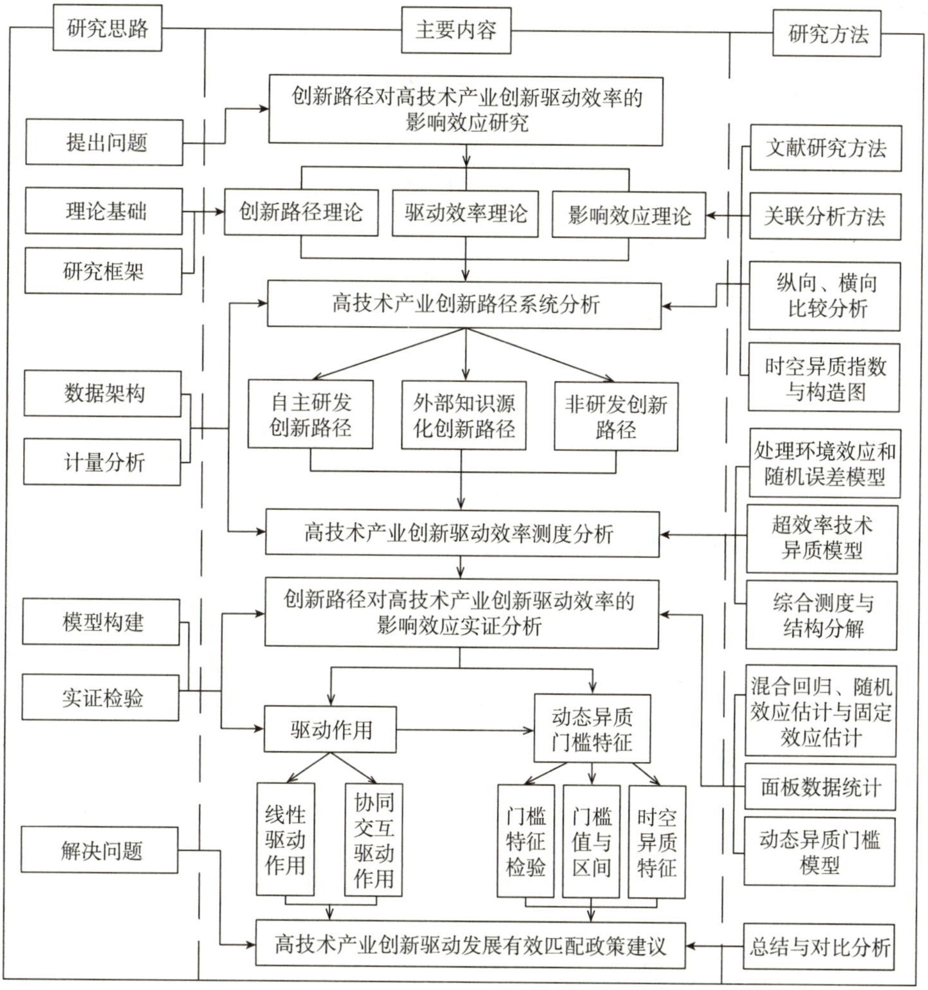

图1-1 创新路径对高技术产业创新驱动效率的影响效应总体思路框架

1.3.2 本书研究内容

本书的研究内容主要分为7章：

第1章导论。首先引入本书研究背景，明晰本书的研究意义和目的；归纳、梳理国内外对创新驱动路径、创新绩效与效率及其影响效应的相关研究情况，并进行述评。在此基础上，总括了本书的研究思路、框架内容，提出了本书的研究方法，最后指出了本书创新之处。

第2章高技术产业创新路径、创新驱动效率及其影响效应的理论研究。在对高技术产业界定基础上，首先，根据已有研究基础界定高技术产业创新路径的内涵、分类与结构体系，比较分析了高技术产业自主研发、外部知识源化和非研发三种创新路径的不同特征。其次，界定了高技术产业创新驱动及驱动效率的含义和特征，分析了其创新驱动效率模型测度理论。最后，在此基础上，对其创新路径与创新驱动效率的影响效应门槛要素、作用关系过程和概念模型等进行研究，提出了创新路径对高技术产业创新驱动效率影响的研究内容框架。

第3章高技术产业创新路径系统分析。基于本书对创新路径的内涵和范围界定，一方面，从时间演变异质因素的角度，总结分析我国高技术产业自主研发、外部知识源化和非研发三种创新路径的总体数量特征、发展趋势与区域异质性特征等发展现状及问题，利用高技术产业数据明晰目前我国不同区域开展自主研发、外部知识源化和非研发创新战略时间演变特征。另一方面，从我国空间格局差异因素的角度，定量考察了高技术产业创新路径的格局演化的状态、省域间差异变化与集中程度，探索创新路径的时空结构及其创新活动的地理格局演变趋势。

第4章高技术产业创新驱动效率测度分析。从定量实证研究出发，构建基于影响因素的处理环境效应和随机误差与基于异质性的超效率技术改进的综合测度模型和科学有效的创新驱动指标体系，通过原始投入产出数据的效率分析、SFA因素分解分析与调整、调整后测度结果及来源分解比较，更为客观准确地识别和探究高技术产业创新驱动效率差异、时空变化和来源体系配置特征，为系统深入探究提升高技术产业创新驱动效率的有效路径奠定有力基础。

第5章创新路径对高技术产业创新驱动效率的驱动作用实证研究。基于理论研究框架，本章主要以创新路径对高技术产业创新驱动效率的线性驱动效应及其协同交互驱动效应为研究对象，剖析了创新路径对高技术产业创新驱动效率的驱动作用。利用创新知识生产函数，构建了高技术产业自主研发、外部知识源化和非研发与创新驱动效率之间的驱动路径，基于面板数据统计的模型选择与处理，通过面板线性回归与交互估计技术，从线性驱动效应与其协同交互驱动效应两个方面，分析了创新驱动发展下的创新路径对高技术产业创新驱动效率的驱动作用影响效应。

第6章基于知识积累异质性的创新路径对高技术产业创新驱动效率影响的动态门槛特征。由于创新门槛要素差异对创新模式和作用可能产生显著异质影响特征，各地区产业创新路径驱动的差异还取决于是否成功跨越相应的门槛值，本章以各地区高技术产业技术发展水平和创新能力积累异质性情境特征考虑，基于前文门槛要素理论和框架，运用改进的动态面板门槛回归模型，对创新要素门槛差异影响下（不同区间）创新路径对高技术产业创新驱动效率影响的非线性异质特征进行了实证分析，从各地区高技术产业知识积累水平差异切入，进一步全面深入考察了创新路径对高技术产业创新驱动效率影响效应中存在的非线性动态门槛特征效应。

第7章推动高技术产业创新驱动发展的对策建议。针对前文高技术产业创新驱动发展的三方面主体——创新路径、驱动效率和其影响作用效应分析，本章在综合比较上文高技术产业创新路径、创新驱动效率理论基础上，结合其基本驱动效应和动态异质门槛特征效应实证结果，分别从优化创新路径体系保障高技术产业创新驱动发展、改进效率配置系统深化高技术产业创新驱动发展，以及完善机制协作全面推动高技术产业创新驱动发展的三个主体方面，提出了高技术产业创新驱动发展的有效匹配政策体系，为高技术产业正确选择创新路径方式及相关创新战略提供科学的参考，并对深化我国关键转型期间创新驱动的可持续发展提供有益借鉴。

1.4　本书研究方法

（1）时空异质指数与构造图法。

创新路径时空演变对我国总体创新驱动时空格局发展及变革具有至关重要的影响。利用时空异质指数分析方法，考虑我国高技术产业技术创新地理空间分布影响，绘制创新路径的空间分布构造图，并计算变差系数 CV、集中度指数 CR_n 来反映创新路径的时空演化的状态、省域间差异变化与集中程度，深入探究其时空演化的趋势。

（2）处理环境效应和随机误差的综合测度模型。

本书建立了基于影响因素的处理环境效应和随机误差以及超效率技术相结合的综合测度模型，以更为准确识别和有效探究高技术产业创新驱动效率时空变化和差异特征。首先，通过传统的 DEA－BCC 模型计算原始投入产出绩效；其次，利用 BCC 模型分离样本投入的偏移量，进而通过 SFA 模型进行分解调整修正；最后，将调整后的投入量再次代入 DEA 模型，并结合构建的超效率（Super－DEA）模型进一步有效区分度量调整后数据的综合效率值。不仅考虑环境和误差因素的影响，而且克服传统模型不能将所有决策单元效率值计算出来的缺陷，对同时有效的多个决策单元更为真实的效率水平差异进行甄别。

（3）面板数据统计与回归基本模型选择处理。

首先，研究方法上本书采用高技术产业面板数据模型进行研究。相比横截面数据或时间序列数据，面板数据既能有效弥补遗漏指标数据缺陷，亦可以运用科学系统的模型检验避免模型设定偏差，进而使研究更为稳健与可靠。其次，为增强估计稳健有效性，本书从 Griliches—Jaffe 函数模型基础上进行扩展，分别通过基本模型、加入控制因素影响与考虑控制因素和时滞影响进行对比，系统地分解细化分析，以确保模型在经济意义和计量方法上稳健有效。高技术产业创新路径线性与交互驱动作用估计方法上，面板模型包括固定效应、随机效应和混合 OLS 方法。采用 F 检验确定选择混合 OLS 还是固定效应，采用 B－P 检验确定选择混合 OLS 还是随机效应。F 检验和 B－P 检验统计量在统计上显著，整体说明面板数据回归优于混合回归。在此基础上运用 Hausman 检验确定固定效应模型与随机效应。同时，本书在估计过程中进行了序列相关检验、异方差检验以及横截面相关检验等，发现存在截面之间以及组内的相关性，还有截面异方差问题，为保证估计结果的可靠性，采用 Driscoll－Kraay 标准误差调整的估计方法再次进行估计。最后，对估计结果进行稳健性检验，对核心解释变量重新测度，进行新的估计验证，以确定研究结论稳健性。

（4）动态门槛估计模型。

为了探究高技术产业创新路径影响效应存在的“非结构”效应，一方面采用基于 Hansen 的非线性面板门槛回归模型，可以通过对样本数据的自动识别很好地捕捉经济系统中结构突变产生的非线性门槛特征，同时还具有一般面板数据模型所具有的良好特性，更客观准确地处理结构变化的非线性问题。另一方面考虑到创新驱动本身存在的动态性和延续性、其他解释变量的内生性，为反映样本研究对象的动态变化，注重对内生变量的处理，表现变量滞后影响与动态变化。本书在参考 Hsiao 以及 Ho 的动态面板估计基础上，加入滞后变量控制时滞效应和动态要素影响，根据新发展的动态面板估计思路，在 Hansen 方法估计动态面板门槛值基础上，进一步科学采用 Arellano 和 Bond 提出的一阶差分 GMM 估计法探究不同的门槛数值分区间估计系数及差异。

（5）比较分析法。

通过比较分析，可以使所研究的问题和结果更加明晰。本书首先系统对比与梳理已有研究，保证本书研究科学合理以及整体构架与内容的理论与实践价值。其次基于本书的研究框架，一方面，分别对自主研发、外部知识源化和非研发三种不同技术路径的系统研究，比较其对技术创新产生的影响；另一方面，本书对驱动作用和不同受限要素区间机制下产生的影响规律及差异进行比较剖析，找出了创新路径对高技术产业创新驱动效率的线性与交互驱动效应、动态异质门槛特征不同差异特征和对应政策建议。

1.5 本书创新之处

本书创新之处主要表现在以下方面：

（1）系统构建高技术产业多元创新路径对创新驱动效率的影响结构体系。

创新驱动是不同创新路径共同作用与整合的复杂过程。本书首先以我国高技术产业创新活动特征为切入点，清晰地将技术创新获取路径自身结构划分为自主研发、外部知识源化和非研发三种创新路径。其次在设置创新路径和测度创新驱动效率体系基础上，纳入高技术产业技术创新异质受限因素，比较总结与明确分析不同创新路径对创新驱动效率的影响关系结构，包含驱动作用和其影响关系的异质门槛特征两种情境考虑，与以往技术创新方式的层次结构较为混乱相比，具有更清晰的研究结构，为相关技术创新方式的研究提供了有力的支撑框架与理论体系。

（2）揭示高技术产业创新路径时空异质演变结构和发展格局。

创新路径时空格局演变显著推进创新驱动格局的发展及变革，本书首先进行时间演变异质分析，基于高技术产业创新路径数据的数理统计与测算，系统梳理与总结了我国高技术产业自主研发、外部知识源化和非研发三种创新路径的总体数量特征、发展结构与趋势，明晰目前我国不同区域开展自主研发、外部知识源化和非研发创新的时间变化发展战略特征；其次在空间格局演化特征上，运用时空异质指数与构造图分析方法分析高技术产业创新路径格局演化趋势，绘制和测量高技术产业不同创新路径地理空间分布和时空格局演化特征，揭示了高技术产业创新路径的空间结构，从而协调高技术产业创新路径的时空发展，推动创新路径的全域推进。

（3）全面有效测度各地区高技术产业的创新驱动成效。

基于科学全面的高技术产业创新驱动效率指标体系构建，运用考虑处理影响因素的环境效应和随机误差以及结合超效率技术的综合测度模型，针对高技术产业创新驱动效率进行深层次结构分析，以更准确地识别创新驱动效率差异、时空变化及来源体系，为系统深入探究提升高技术产业创新驱动效率的有效路径奠定有力基础。一方面考虑处理控制环境效应和误差因素对创新驱动效率的影响，更为真实地反映各地区产业创新驱动实际决策和管理水平。另一方面避免不能将所有效率值计算出来的缺陷，对同时有效的多个决策单元区分排序，将环境因素、随机误差与异质分析结合，引入高技术产业创新驱动效率时空异质模型，对创新驱动变化过程技术来源与创新增长进行分解分析，从方法和内容上明晰高技术产业创新驱动的深层次驱动效率理论。

（4）明确提出并构建了高技术产业外部知识源化和非研发创新路径驱动作

用关系。

相比传统内部研发，开放式创新条件下寻求外部知识源化，重视非研发创新途径等多样化路径研究工作还处于起步阶段，相关数据支撑、模型工具和文献研究微乎甚微，尤其国外学者关注欧洲发达国家中低技术行业情境下的研究，而国内学者普遍忽略非研发创新路径及其重要作用，本书在界定外部知识源化和非研发创新路径的内涵和特征基础上，重点探讨外部知识源化和非研发创新模式在我国高技术产业独特创新环境下的效应作用，展开多元创新路径的优化选择与对比分析。

（5）有效弥补动态异质门槛特征下的创新驱动影响效应理论机制和实证检验缺陷。

构建了不同创新环境门槛区间下的创新路径对创新驱动效率影响效应的动态门槛特征模型，将不同地区产业的知识积累异质门槛要素与创新路径和驱动效率置于同一个框架下，比较分析其中深层次的非线性动态内生关联。由于中国经济基础、技术发展水平和创新资源积累等区域异质性严重，其对创新模式和作用可能产生不同特征效应，因此各地区产业创新路径驱动的差异还取决于是否成功跨越相应的门槛值。本书加入考虑不同地区高技术产业存在的异质门槛特征差异化影响，相比现有研究忽略高技术产业创新驱动中存在的重要受限要素，倾向于孤立地关注单个创新路径驱动影响以及门槛要素对产业创新的静态线性作用机制。本书有助于更好地理解高技术产业创新路径驱动效应中深层次的非线性动态异质门槛要素影响关系特征，拓展了创新驱动发展问题的研究外延。

第2章　高技术产业创新路径、创新驱动效率及其影响效应的理论研究

2.1　高技术产业的界定

在系统研究之前，本书首先对研究对象高技术产业加以清晰界定。高技术产业作为技术和资金高度密集的战略产业，是推动要素驱动向创新驱动转变的核心力量，也是实施创新驱动发展的先导和主要部门，是从事技术创新活动最为活跃的领域，成为目前全球经济中增长最快、最耀眼的部分。

高技术产业在不同国家及不同发展阶段有不同的划分标准和范围。美国商务部提出高技术产业产品的主导技术必须在所认可的高技术类别中，而且必须含有其类别中位于技术领先的创新突破，主要界定指标包括研发与开发强度（研究与开发费用在销售收入中所占比重）和研发科技人员比重两个方面；法国认为其归属于人力资源质量高、新产品开发转化快速；澳大利亚归类到新技术运营和新产品制造产业。经济合作与发展组织（OECD）1986年首次正式给出高技术产业的界定标准，用研究与开发的投入强度定义及划分高新技术产业。可以看出，国际上界定高技术产业主要基于以技术密集度来衡量界定产业类别，通常是指技术密度高、创新能力强的知识密集型产业。

中国早期常常把高技术产业与新技术产业相提并论，统称为“高新技术产

业”。随着中国科技创新不断发展，以及与国际统计标准的接轨，2000年开始采用OECD界定类型方法，结合2001年的新分类，国家统计局随后公布了《高技术产业统计分类目录》以及《中国高技术产业统计年鉴》。相应地，国家和地方公开统计资料统一“高新技术产业”表述为“高技术产业”。2013年，借鉴OECD分类标准，进一步与有关国际类别标准衔接，国家统计局按照国民经济行业分类中属于高技术产业（制造业）范畴相关活动的再分类，进一步确定高技术产业的统计范围，即国民经济行业中R&D投入强度（R&D经费支出占主营业务收入的比重）相对较高的制造业行业。

综上所述，本书以国家统计局《国民经济行业分类》和《中国高技术产业统计年鉴》为基础，认为相对于传统产业来说，高技术产业是国民经济行业中R&D投入强度相对较高的制造业行业，属于技术密集、周期更新快、高附加值的战略产业。其主要包括医药制造，航空、航天及设备制造，电子通信设备制造，计算机及办公设备制造，医疗仪器设备及仪器仪表制造和信息化学品制造等六大类（国家统计局《中国高技术产业统计年鉴》）。

2.2 高技术产业创新路径理论解析

2.2.1 创新路径概念内涵

对于创新路径问题，最早可以追溯到范式理论的发展。20世纪60年代，美国学者Thomas Kuhn最早使用“范式”意义进行相关解释。他认为范式是科研者及研究组织对一定范围内研究存在的共有价值观，并基于此产生或运用特定的共有信息体系、判断和基础，相应地所致相同的思路模型及方案构架。进而，基于学者们在技术创新领域的演化理论，Dosi（1982）界定了“技术范式”的内涵。通常上，技术范式是在技术创新过程执行主体认可一致下组成的解决问题的规则、原理、标准、方式的集合体系（Dosi，1982）。技术范式是立足于自然科学原理、为解决所需解决的技术经济问题而形成的一种模式。此后的“范式”概念就逐渐地被赋予了“典型模式”的意义。在创新领域，也出现了这种用法，“范式”已经在更多意义上是模式、模型或者说图景（张军荣和袁晓东，2013）。创新范式或途径主要表示为：基于方法论的技术创新方法（Laforet 和 Tann，2006）；基于战略论的技术创新战略（张为峰，2013）；基于目标论的实现特定的创新目标（傅家骥，1998）。

与技术创新具有的范式意义类似，进一步引出创新路径的含义。早前，Pérez（2001）针对发展中国家创新发展模式，提出了“机会窗口”理论（Windows of Opportunity）：要么从价值链低端出发融入国际分工体系的发展模式，要么运用内部自身研发及市场创新，提升创新驱动度，跨越到价值链高端位置，最终实现并拥有自主技术及知识产权，显然后者成为发展中国家本质性创新发展路径。可以说，创新过程中涉及的大量创新性资源或资源性能力运用都需要或取决于创新过程中对知识的开发与整合（Nerkar 和 Paruchuri，2005），其中不仅涉及复杂的创新路径选择关系，还涉及这种关系的复杂变化，如产业技术基础、技术路线变化。不同类型的技术获取模式，会以不同的方式影响企业创新绩效（Cassiman 和 Veugelers，2006）。组织使用存在的可能的知识源对创新至关重要的（Murovec 和 Prodan，2009）所谓路径，一为到达目的地的路线，二为做事的门路、办法。基于此，本书关注与理解的创新路径为达到技术创新目的而走的（技术创新）通道、方法及方式，具有特定性、单一性。实际中的产业企业技术创新手段则是不断呈现多样化，企业基于知识基础变化、产业结构、原有规则和长远规划，不断集合调整实践模式体系以符合其组织实际基础和后期持续发展的技术创新（高冠军，2009）。荣鹏飞和葛玉辉（2014）提出创新路径是企业实践创新活动的方法和途径。由于所处知识技术基础及能力状态呈现异质性，不同企业技术创新方法和途径也表现出差异。创新驱动作用效应对知识密集型企业尤为重要，全面有效引领创新驱动发展需要通过综合衡量实际的不同情境，正确合理探索独特的、有效的多样化创新路径。由此，根本上可以看出创新路径理解为产业企业采用什么类型技术，运用什么创新模式来提升技术能力，是技术创新过程中持续采取的创新方法、手段或者模式集合等，是一种具有相对稳定性的技术创新体系或行为规范，并且对创新发展具有指导性作用。

综上，从本质意义出发，高技术产业创新路径是在特定的技术范式下，为实现高技术产业创新驱动发展战略目标，在技术创新过程中根据自身技术状态、积累优势和长远计划而持续采取并形成的创新方法、手段或者模式集合等行为体系。

2.2.2 创新路径分类与结构体系

在创新路径分类上，学者们提出了诸如自主创新、模仿创新、引进消化吸收再创新以及封闭式创新、开放式创新等理论，并各自在不同的语言结构下进行探索，但是缺乏对创新分类理论和概念的系统性反思。由于研究对象的不同而存在多种并存的方法。

按照高技术产业创新活动特征和研发参与程度的强弱，从技术来源角度，高技术产业创新路径主要分为：研发创新和非研发创新，其中研发创新又分为自主研发和外部知识源化（合作）（Cho 和 Yu，2000），前者是主要的内部技术来源（刘克寅等，2015），表示为内部研发支出；后者主要进行委托技术开发或合作研发（刘克寅等，2015），表示为外部研发支出。非研发创新包含技术改造、引进技术、消化吸收和购买国内技术（谢子远和黄文军，2015），均属于外部技术来源。图2－1表示出高技术产业创新路径关系结构。

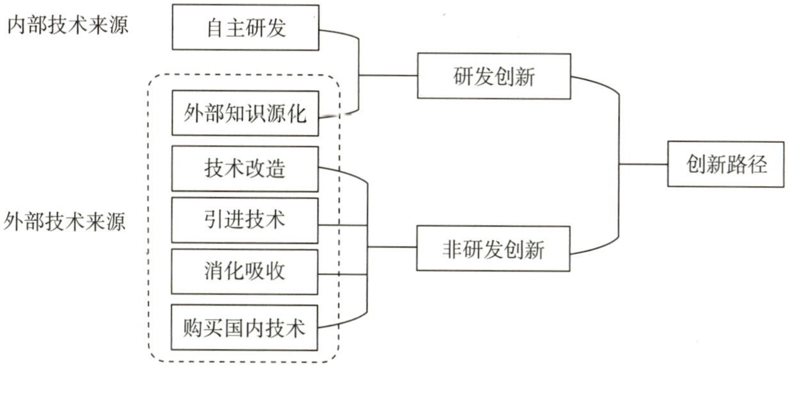

图2－1 高技术产业创新路径关系结构

基于上述关系结构，高技术产业创新路径包含内部技术来源的自主研发和外部技术来源的外部知识源化与非研发三种主要创新用途和任务。本书立足于中国高技术产业实际发展和变化情况，并且根据政府报告和统计资料，因此，以自主研发创新、外部知识源化（合作）和非研发创新三种创新路径为研究范围。

（1）自主研发创新。

自主创新概念最早由陈劲（1994）提出，是指通过引进消化吸收及改造先进技术后所面临的某种创新发展状态。柳卸林（1997）指出自主创新是“掌握了自主知识产权的创新”。傅家骥认为自主创新是企业基于自身基础开发实现创新突破，克服技术难关，进一步通过内部独立自主驱动创新的后续环节，完成技术的商品化，获取商业利润，达到预期目标的创新活动。可以说自主创新是国内组合名词，有时也用来表征特定国家的创新特征，指不通过外部技术引进，而基于本国自身努力实现技术突破，开展技术创新的活动。国外类似概念有 Krugman 以及 Rainer 和 Franco 提出的内生创新（Endogenous Innovation），即系统内部自发创新，区别于技术模仿、引进和裂化模式（Krugman，1999；Rainer 和 Franco，2005）。亦有集成创新（Integrated Innovation）概念，Rothwell 基于欧洲科技政策演变提出“科学创新”和“产业创新”集成一体，本质是创新系统的含义拓展（Rothwell，1992）。国家战略层面上，《国家中长期科学和技术发展规划纲要（2006—2020 年）》以及中共十八大报告提出自主创新应是注重“原始创新、集成创新和引进消化吸收再创新”。进而，杨燕和高山行（2010）基于傅家骥对自主创新的定义，一是原始创新，对研发创新尤其是基础研究和高技术研究领域的突破性创新具有自主知识的重大创新。二是集成创新，要求创新主体系统内外部创新要素持续融合。三是消化吸收和再创新的创新，在技术引进基础上进行，受囿于已有技术范式并沿既定技术轨道而发展。

基于自主创新概念，高技术产业自主研发创新就是产业通过内部努力和探索，独立地进行研究开发，攻破技术难关，具有自主知识产权的独特核心技术以及在此基础上推动研发的后续环节，实现产业研发价值的一条技术创新路径。

（2）外部知识源化。

知识源化战略（Knowledge Sourcing Strategy）是企业通过知识创造或者获取

来产生流入知识流的一种策略，企业内部R&D创造知识为内部知识源化战略，外部合作创造与获取知识为外部知识源化战略（Lin和Wu，2010）。随着知识和创新成果扩散，技术外溢速度加快，创新生命周期缩短，加之技术复杂度提高，创新资源配置格局发生深刻变化，单纯依靠企业内部资源研发风险加大，尤其对于落实创新驱动发展关键一环的高技术产业，创新所需的技术和资源变得更为分散，前沿领域同步自主研发变得越来越困难。因此，传统研发模式日益向“开放式创新”转变，强调寻求外部资源和技术合作缓解内部研发压力（Chesbrough等，2006；Lin和Wu，2010）。

而外部知识源化（External Knowledge Sourcing）正是企业通过外部合作创造与获取知识不断产生新知识流以积累和更新知识存量，在与具有技术优势的企业、大学和研究机构进行合作研发、研发外包、委托技术开发等模式的相互作用和相互影响中实现“创新范式转型”。例如Vega－Jurado等（2009）基于西班牙创新研究认为外部知识源化战略可以通过对外部企业、大学和研究机构来源分别进行购买技术和合作开发方式实现创新。国家统计局将外部研发活动界定为与外单位合作或委托外单位进行的R&D活动。基于此，高技术产业企业外部知识源化就是与具备技术优势，处于高层次技术能力的国内外企业、大学、科研机构寻求展开更有利的技术合作，通过合作研发、研发外包、委托技术开发、产学研合作等方式进行技术交流和互动，实现研发合作创新，从而建立一种良性循环的技术创新路径。

（3）非研发创新。

相对于研发创新，非研发创新是转型式的策略性选择。早前国外分析了企业研发之外的创新活动（Chesbrough等，2006；Lin和Wu，2010），但相关研究较混乱，没有对非研发统一界定。多数文献认为非研发创新概念主要包含创新性资产投资、设计、申请专利和许可授权、市场、人力资源、外部资源、合作等活动（Santamaría等，2009；Andrés等，2011）。其中，Evangelista等（1998）认为购买新的机器、设备与技术是最常见的非研发创新活动。近年来，Arundel等（2008）首次正式提出了非研发创新典型模式：技术采用、渐进式改良、反求模仿以及现有知识创新运用。Som（2012）提出知识密集产品开发、顾客驱动的技术、临时B2C产品开发、低创新性劳动密集制造、灵活专业化供应五种非研发类型。基于国外已有研究，郑刚等（2014）根据国内实际情况，构建出国内非研发创新四种主要类型。技术和知识采用：企业从外部直接采购或获得创新的产品或工艺技术；反求工程与模仿创新：企业通过引进、购买等手段，消化吸收核心技术，并在此基础上根据已有知识和经验进行二次创新；集成创新：现有知识或技术进行创新性的整合；市场创新：新市场的开辟及市场营销手段等的创新。具体地说，非研发创新活动在中国包括技术改造、引进技术、消化吸收和购买国内技术等外部来源活动（谢子远和黄文军，2015；曹勇和苏凤娇，2012）。从支出角度，技术引进是从外部直接购买进行，例如设备、工艺及专利等，可以快速拥有先进创新技术，降低生产和管理成本。其特点在于企业不基于自身力量研发，而是直接运用外部知识技术，包括购买国外产品设计、工艺流程、图纸、专利等技术性知识资料和先进设备费用，和企业购买国内其他单位科技成果的费用一致。引进技术这部分费用占据了较大比例的非研发活动费用（曹勇和苏凤娇，2012），是消化吸收的6倍左右。消化吸收指企业对引进技术的掌握、应用、复制而开展的工作，以及在此基础上的创新，包括人员培训费、测绘费、参加消化吸收人员的工资、工装、工艺开发费、配套设备和翻版费等。广义上也包括一些对现有知识库内的创新资源集成费用，例如设计进程等（Huang，2010）。技术改造是企业将科技成果应用于生产的各个领域（产品、设备、工艺等），用先进技术改造落后技术，用先进工艺和设备代替落后工艺和设备，多数情况下是对现行生产技术实行的小范围修正或逐步的改进，范围包括企业从外部引进到原有技术领域（Arundel等，2008）。技术改造是中国高技术企业进行的最主要的非研发活动形式，在非研发活动支出中占绝对主导比例。

基于早前非研发活动类型，OECD提出区别研发活动与非研发活动的基本原则为某种特定科学或技术的新颖性和不确定性（OECD，2002）。随后，刘仿（2013）对非研发活动与非研发创新活动进行了区分界定，非研发创新是指研发之外的创新性活动，是具有创新性或者与创新的实现有关，并不是指所有研发之外的企业活动。非研发创新是相对于现有的研发创新，但两者是相辅相成的，均是基于创新投入角度出发的概念。

基于此，高技术产业非研发创新是指产业中除了研发之外的各种其他创新类型的统称，包括技术类非研发创新和非技术类非研发创新两大类创新活动，以创新投入配置划分（郑刚等，2014），即创新源主要为产业原有知识基础或外部联系，而不是其内部系统化的研发活动。

综上，三种形式的创新路径见表2－1。

表2－1 高技术产业三种创新路径

分类	含义	关键区别	来源
自主研发创新	产业通过内部努力和探索，独立地进行研究开发，攻破技术难关，具有自主知识产权的独特核心技术以及在此基础上推动研发的后续环节，实现产业研发价值	拥有自主知识产权	内部
外部知识源化	与具备技术优势，处于高层次技术能力的国内外企业、大学、科研机构寻求展开更有利的技术合作，通过合作研发、研发外包、委托技术开发、产学研合作等方式进行技术交流和互动，实现研发合作创新，从而建立一个良性循环	开放边界	外部
非研发创新	产业中除了研发之外的各种其他创新类型的统称，包括技术类非研发创新和非技术类非研发创新，以创新投入配置划分	不参与研发	外部

资料来源：作者整理。

2.2.3 不同创新路径特征

（1）自主研发创新特征。

①技术突破内生性。

自主研发获取的关键知识技术是企业内部的努力和知识开发，不依赖外部直接支持，反映了绝对程度的独立性。创新过程链中最困难的技术环节在于独立自主研发，而自主研发创新的本质特点是依靠自身的力量通过独立的研发活动而获得先进技术。如果研发不具有内生性、自主性，会导致中国缺乏具有自主产权的核心技术，处在总体发展受制于人的尴尬境地。

②创新高风险性。

随着知识和创新成果扩散，技术外溢速度加快，创新生命周期缩短，加之技术复杂度提高，创新资源配置格局发生深刻变化，创新所需的技术和资源变得更为分散，单纯依靠企业内部研发风险加大。其对创新结果的作用方向和大小都更具不确定性。

③创新过程长期性。

自主研发技术突破属于企业关键性的高难度创新。通常，自主研发的研究与开发过程耗费大量的时间成本，加之不同创新主体的创新要素禀赋结构与经验能力等各异，研发投入增加到创新绩效提升之间的作用系统更复杂，作用过程更绵长。

④技术前瞻性。

自主研发的核心技术是基于对市场未来的预测，表现出明显的超前性、预见性，自主研发创新产生较好的超前效应，并对技术创新的实现和未来发展具有指导性作用。

（2）外部知识源化特征。

①创新主体多样性。

外部知识联系较为明显的特征在于存在多个创新主体，通常多个不同主体合作共同实现创新，包含企业之间或者企业与科研机构、高等院校等合作创新。随着知识技术格局变化，创新要素更加分散，技术创新系统过程也越来越复杂，创新主体呈现多元化趋势。

②风险共摊性。

开放式创新下的外部知识源化突出风险共同负担，即外部研发合作带来的风险成本通过合作各方共摊，并不属于单一特定企业。这有助于应对全球竞争、金融和经济的不确定性、快速和根本性的技术变革以及降低投资风险等。而自主研发创新的风险是由创新企业独立承担的。

③优势互补性。

外部知识联系在于创新变革中可以优势互补。外部知识源化过程一定程度上就是合作各方通过相互吸取对方先进知识技术来增强自身创新能力的活动。通过优势互补为企业在 R&D 合作中可以汲取不同类型的知识，而且企业与外部知识源互动可以更多地从合作伙伴处学习技术知识，弥补产业关键创新资源的缺失，扩展了获取技术知识的途径，从而提高创新绩效产出。这与自主研发技术创新内生独立性相区别。

④资源共享性。

外部知识源化战略实现创新资源共享，尤其是创新发展的知识技术、研发人力、经费投入以及所拥有的知识产权等可以形成共同享有价值，不是单一占有。外部知识源化能够为企业带来各种有价值的稀缺创新资源，降低环境的不确定性，实现创新资源的互补和共享，弥补企业资源缺乏和能力有限的缺陷。而自主研发创新过程中的创新资源具有独占性。

（3）非研发创新特征。

①创新形式多元化。

由于外部来源的多样化、开放化，非研发创新在形式上是多种多样的，既有直接的技术和知识采用，也有反求工程与模仿创新，以及对现有知识或技术进行创新性的整合和新市场的开辟及市场营销手段等的创新。具体地说，非研发创新活动在中国包括技术改造、引进技术、消化吸收和购买国内技术等外部来源活动。

②创新周期较短。

非研发创新中可以引进成熟的技术以及对其吸收改进，一定程度地节省了企业研发的时间，因此非研发创新是企业快速追赶及跨越到价值链高端位置的一种创新的有效途径。通过非研发创新在短时间内弥补企业自身创新资源和研发能力的不足，以此应对创新日益增长的成本与技术复杂性，最终实现有效驱动创新绩效和创新转型。

③技术依赖性。

非研发创新不直接参与技术研发，依赖技术获取一定程度上可能又会损害企业进行研发创新的积极性，对外部研发合作和内部研发创新驱动效应产生替代作用。由于内部创新高风险、高成本，当非研发活动带来的创新效应填补了企业的技术需求，同时又具有周期短、风险低、可选择性强等优势，因此容易对非研发技术创新产生过度依赖，并损害企业自主研发的积极性。

④创新过渡性。

非研发创新作为一种创新的转型策略，相对于发达国家，研发基础较弱的发展中国家运用非研发创新可以弥补自身创新资源和研发能力的不足，以此应对创新日益增长的成本与技术复杂性。当积累了一定的知识技术基础，有能力在研发上加大投入之后，逐步转向以自主研发为主的创新模式。因此，非研发创新是企业向自主研发创新模式过渡的策略性选择。

三种创新路径特征比较见表 2 -2。

表 2 -2 三种创新路径特征比较

创新路径	基本特征	优势性	劣势性
自主研发创新	技术突破内生性 创新高风险性 创新过程长期性 技术前瞻性	高回报率 技术垄断优势 竞争优势	风险高 成本高 不确定性
外部知识源化	创新主体多样性 风险共摊性 优势互补性 资源共享性	综合性 系统型 集群性 时间优势	组织管理复杂性 产权问题
非研发创新	创新形式多元化 创新周期较短 技术依赖性 创新过渡性	周期短 可选择性强 低成本 低风险	时滞性 被动性 依赖性 替代性

资料来源：作者整理。

2.3 高技术产业创新驱动效率理论解析

2.3.1 创新驱动含义与特征

自中共十八大明确实施创新驱动发展战略以来，国家“十三五”规划纲要同样强调大力深化实施创新驱动发展战略，并首次将“创新驱动”变成经济发展的重要量纲纳入规划纲要。创新驱动为经济方式转型与持续发展提供了新的契机。创新驱动发展战略下传统的“要素驱动”发展模式正逐渐向“创新驱动”模式转变，依靠技术创新“软动力”推动产业转型和持续发展。

创新驱动一般认为源于熊彼特的创新和波特的创新驱动理论。以创新概念为基点，熊彼特最早提出“创新”一词并对其进行经济理解，认为创新活动本身是实现价值增值的过程，将其引入生产体系，可以持续改进要素投入产出率，弥补经济增长边际报酬递减作用；而且，创新通过重新配置投入要素，改变要素匮乏阻碍增长问题。本质上，强调的是创新对经济发展的关键助推和驱动作用，创新是经济增长的本质驱动要素，创新驱动发展是必然发展方式（见图2－2）。

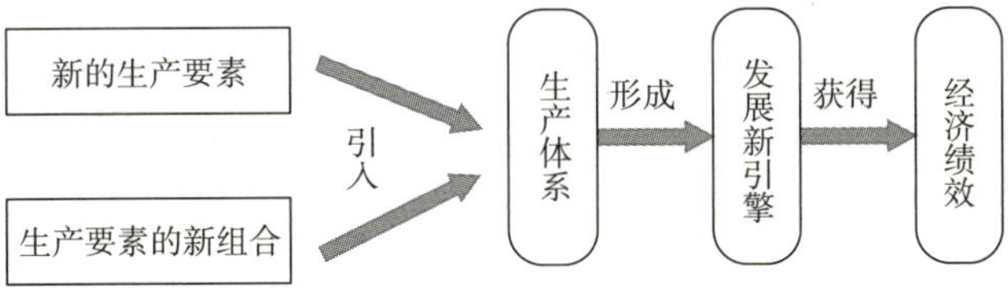

图2－2　熊彼特创新驱动

资料来源：王海燕，郑秀梅．创新驱动发展的理论基础、内涵与评价［J］．中国软科学，2017，(01)：41－49.

而以创新驱动作为国家发展阶段为基点，波特首次使用“创新驱动”概念并赋予其发展阶段，即创新驱动是对应于要素驱动、投资驱动和财富驱动形成的，构成经济发展的四个阶段。经济体按照先后或叠加重复同时进行每个发展阶段，发展阶段之间没有明确的划分，但四个发展阶段的主要驱动力不同，要素驱动主要依靠一定的人力资源和自然资源，投资驱动很大程度上依赖投资，财富驱动则依赖大量金融财富型资本投入。创新力是创新驱动阶段的本质驱动要素。当一个经济体形成了完整的由关键要素和附加要素组成的钻石体系，同时其各关键要素交互显著，可以说有效达成了创新驱动。

基于以上理论基础，对创新驱动发展内涵的阐述，《国家创新驱动发展战略纲要》明确创新驱动发展是“将创新作为经济发展首要动力，在科技、文化等多方面创新集成，促进经济发展方式转向依靠知识、技术与人力资源质量提升，使经济形态更高级、分工更精细、结构更合理”。

进一步，针对单一的技术驱动，洪银兴（2013）认为原有技术创新领先多在于重视工艺过程技术突破，面临新的创新竞争，创新应该是科技创新，更加强调知识技术转化为生产力的效率、商业化和运营效益。也就是说，创新驱动发展以科技创新为关键动力，其驱动也呈现了多方面，囊括技术突破、市场转化运营等。经济学意义上，胡婷婷和文道贵（2013）认为经济发展通过科技创新不断增长，创新驱动取决于科技进步对经济的贡献程度。可以看出，科技创新的关键推动作用是创新驱动发展的本质要素，扩展了技术创新驱动概念。

需要重视的是，创新驱动是国家发展的阶段性特征，是相对要素驱动、投资驱动的发展新形式，更为高级的发展阶段（辜胜阻，2013；陶长琪和彭永樟，2018）。但对于其他阶段，创新驱动也是基于并带动更多要素和投资（洪银兴，2013）。同样，王海燕和郑秀梅（2017）认为进行创新驱动发展转型需要与传统消费、投资、出口“三驾马车”相辅相成，运用创新带来新知识技术要素从根本上改进传统要素效率，推动经济可持续发展（见图2－3）。

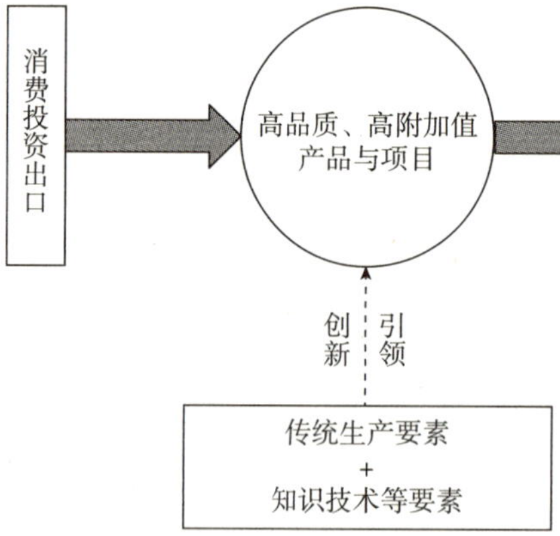

图2－3　创新驱动经济发展

资料来源：王海燕，郑秀梅．创新驱动发展的理论基础、内涵与评价［J］．中国软科学，2017，(01)：41－49.

综上，本书认为创新驱动是指以知识、技术、制度、管理等创新要素为经济增长关键动力的一种有效发展形式，是相对传统要素驱动的转型策略（郑烨，2017）。狭义上，创新驱动就是科技创新驱动；广义上，创新驱动可以理解为多元系统驱动含义，包括科技创新、制度创新、管理创新、文化创新等，是经济发展新形式、新阶段。

2.3.2 创新驱动效率内涵

经济学意义上，一般认为效率体现了最优的投入与产出比例关系。本质上，创新活动经济效率分为技术效率和配置效率两个层面分析（Fare 和 Lovell，1978），技术效率是实际产出相对于生产前沿面的有效性，呈现为特定生产函数下实际产出与最优产出的比率。配置效率是最优投入配置下最佳产品数量组合。配置效率和技术效率是对经济效率最精确、最传统的界定。而创新驱动作为助推经济发展的核心源，进行投入要素再次配置，基于有限资源情境中，创造内部增长替代外生驱动，最终产生更多创新动力（洪银兴，2013）。基于以上相关研究基础，对于创新驱动效率的界定，陈一恋（2015）认为创新驱动效率是技术创新的人力与资金单位投入在促进技术创新对经济增长的贡献度上的增长比例、边际或弹性大小，理解为创新驱动投入与产出效率。梁龙武等（2016）指出创新驱动需要以创新投入和创新产出测定，分别为促进创新驱动的投入要素和创新驱动投入后带来的推动经济发展的幅度，并将其比率定义为创新驱动效率（陈一恋，2015）。

综合上述效率和创新驱动含义，本书的创新驱动效率为驱动创新的投入要素和由此推动的经济创新发展程度的比率关系，本质上是科技创新要素驱动经济增长的贡献度。实施创新驱动战略，重点在于实现向依靠知识技术要素的创新驱动型发展转变，使科技创新成为经济社会的主要驱动力，持续提高创新驱动效率。

2.3.3 创新驱动效率测度

现有创新驱动相关效率测度大致可以分为以数据包络分析（简称 DEA）为主的非参数法和随机前沿分析（简称 SFA）为主的参数法两大类。

非参数法 DEA 由 Farrell（1957）首先提出，后由 Charnes 等（1978）扩展完善。DEA 无须建立变量之间的严格函数关系，并能同时处理很多的输入输出量。通常投入特定条件下测估出既定的产出。此外，综合效率可以分解技术效率和配置效率（Farrell，1957）。DEA 一般模型表示为（投入导向）：

$$min_{\lambda,x_i} w'_i x_i^*$$

$$st.\ -y_i + \lambda Y \geqslant 0$$

$$x_i^* - \lambda X \geqslant 0$$

$$\sum_{i=1}^{n} \lambda_i = 1$$

$$\lambda \geqslant 0$$

$$EE = \frac{w_i' x_i^*}{w_i' x_i} \tag{2-1}$$

式（2-1）中 n 是决策单元数，y_i 是决策单元 i 的产出向量，Y 是产出矩阵；X_i 是投入向量，X 是投入矩阵；w'_i 是价格向量，λ 是 n 维参数向量，EE 是效率值。

参数法 SFA 由 Aigner 等（1977）共同提出。SFA 需要特定的生产函数形式，还需要假设随机误差的分布。基于 Kumbhakar 和 Lovell（2000）的研究，SFA 一般模型表示为：

$$y_{it} = f(x_{it},\ t)\ exp(v_{it} - u_{it})$$

$$v_{it} \sim iidN(0,\ \sigma_v^2),\ u_{it} \geqslant 0 \text{ 且 } u_{it} \sim TN^+(u,\ \sigma_u^2),\ cov(u_{it},\ v_{it}) = 0 \tag{2-2}$$

式（2-2）中，y_{it}为决策单元 i 在第 t 时期的产出；$f(\cdot)$ 为前沿产出；x_{it}为各要素投入量；t 为时间趋势。$(v_{it} - u_{it})$ 为复合结构，v_{it}为随机观察误差，服从 $N(0,\ \sigma_v^2)$，u_{it}为无效率误差，服从 $N(\mu,\ \sigma_\mu^2)$。SFA 假定效率损失状态由随机扰动和技术非效率因素共同产生，其中随机误差项分解为技术非效率（单边误差组合）和统计噪声（对称误差组合）。

综上，在相关创新效率测度研究中，目前文献广泛采用 Charnes 等（1978）提出的 DEA 非参数方法。计算过程中变量间无须设定严格函数关系，并能同时处理很多的输入输出量，数据权重和量纲处理简化，具有明显的优点。但传统DEA没有考虑测量误差或环境因素的影响，不存在随机误差波动项。同时，计算时易受异常点干扰，对结果影响较大。而且并不能将所有DMU效率值计算出来，对同时有效的多个决策单元区分排序（Li等，2013）。SFA方法假定效率差距状态由随机扰动和技术非效率因素共同产生，考虑了随机噪声，将随机误差项分解为技术非效率（单边误差组合）和统计噪声（对称误差组合），较其他方法更具有科学性、准确性，有效考虑环境因素和随机误差影响差异。但是，SFA方法涉及设定多种生产函数，且对其设定和分布假设过于严格，还要对生产函数的设定是否正确进行验证，应用范围受到一定限制。综合考虑DEA和SFA方法，本书在传统DEA模型基础上进行改进，处理环境和随机误差影响，结合SFA模型对传统测算的投入松弛进行修正及调整，反映创新驱动决策单元的实际效率水平（Fried等，2002）。同时，进一步构建超效率模型修正，既处理了环境变量和随机误差，较以往研究更具有科学性、准确性；又采用超效率技术处理反映同时有效的多个决策单元区分排序变化情况，增加差异化分析。

2.4　创新路径对高技术产业创新驱动效率影响效应理论解析与框架构建

2.4.1　门槛要素特征理论分析

“门槛”（或称门限、阈值），最初是物理现象中的一个概念，即物理学中当一个物理现象的数值变化到一定程度后，会造成另一个现象向截然相反的情形发生。近年来经济学领域学者将门槛概念引入社会经济现象的研究，在经济发展中，经常发现一些经济现象的变化幅度大小直接导致另一些经济现象发生重大变化，同时也未必是某一个经济现象的变化越显著，对另一个经济现象的影响效果就越好。因此，经济学中的“门槛”是指当一个经济参数达到某个值（水平）时，它会导致另一个经济参数突然转向其他形式发展的现象。而这个变化的度，被称为门槛值，在这个门槛值之上和之下所产生的效果为相应的门槛特征效应。也就是说，某自变量对因变量的影响存在着某个临界点变化的非线性影响。这些门槛要素临界点（门槛值或阈值）前后区间变化对被解释指标产生显著异质性作用。基于门槛要素特征考量，可以进一步深入刻画异质要素情境下经济参数指标的作用效应。

具体来说，对于发展中国家而言，技术进步路径来源越来越呈现多样化，而不同路径方式对技术进步的相对重要性也依赖于一个国家所处的知识技术发展阶段，这意味着提升创新驱动发展水平也取决于国家或地区的知识技术发展水平特征。创新驱动发展的作用充分发挥，不仅需要创新路径本身具备适当的水平，还需要有一定内外部知识基础与之相匹配。一个国家或地区的技术基础发展水平和知识支持程度等因素对产业企业的创新绩效及效率都具有重要影响，而这些因素在一定程度上都是由国家或地区的知识积累发展水平所决定的，落后国家或地区由于在配套知识技术基础环境等方面不具备良好基础条件，相应创新驱动作用可能受到限制，不利于创新驱动效率的提升。而当国家或地区知识积累发展水平整体上较为发达时，可能意味着该国家或地区的大部分产业企业处于自主研发阶段，具备核心研发技术的国际价值链高端优势。而且具有完善的经济资源和消化市场，企业创新活动收益较高，企业的创新成本和创新风险较低。

由于中国创新基础薄弱和创新资源地区分配不均的情境下的创新路径显然又有其自身的特点，进而，在考虑整体影响基础上，学者们开始进一步深入对作用于创新发展的各种门槛条件进行假设和实证检验。也就是说，要有效实现创新驱动发展，必须具备一定的知识与技术基础条件。例如，我国东部及沿海省份产业的知识资本、创新基础与技术信息等接近发达国家水平，知识积累基础保障作用促使创新驱动发展成效显著。因此，不同地区知识技术基础水平要素差异特征对创新驱动发展作用造成异质“门槛效应”。

这也就意味着，不同类型的技术获取模式以不同的方式影响创新绩效，那么，产业企业究竟应该采取什么样的技术创新方式仍然没有一个确切的答案。

Blomstrom 和 Sjoholm（1999）发展门槛概念的提出给企业技术创新方式选择提供了一个比较贴近实际的思路，发展门槛是指创新方式的选择必须具备相适应的技术能力，即无论何种创新路径方式，都必须与产业所拥有的资源禀赋和技术发展水平相适应。实际上，只有拥有了一定的知识积累，产业才能选择与其相匹配的创新方式。产业技术创新依赖于知识积累水平，知识存量决定创新能力（Glass 和 Saggi，2002；Putranto 等，2003）。同时，技术进步源于知识积累。一般认为知识积累是技术创新的关键资源，而且知识积累溢出效应也减少了资本边际生产率下降（Brucker，1993）。Lichtenthaler（2009）提出创新绩效取决于产业发展、增益、重塑和应用新的内部和外部知识的积累过程。在中国的创新发展中，虽然基础经费不断增加，但创新强度一直维持在一个低水平的均衡。中国的低知识积累与创新强度及其成效密切相关，提高知识积累水平将推动中国自主创新发展（陈恒和侯建，2016）。反过来，一个强大的知识基础，允许企业的技术能力延伸，增加了开发和实现新产品的可能（Becker 和 Dietz，2004）。然而，知识积累并不总是有利的。Leonard－Barton（1992）研究提出知识积累可能导致的核心刚性使企业发展产生路径依赖而不利于创新，而且 Haas 和 Hansen（2005）认为编码知识的积累与再用对于高任务经验的团队而言甚至有害。

总之，知识积累是技术创新基础（Chen 和 Hou，2018；陈恒和侯建，2016），直接影响产业技术创新产出。

2.4.2 创新路径与创新驱动效率的关系

基于前文文献梳理和理论总结，不同创新路径对创新驱动效率的影响关系大致可以从驱动作用和异质门槛特征两种情况考虑。

2.4.2.1 创新路径对创新驱动效率的驱动作用关系分析

对于驱动作用，不同创新路径驱动影响包含着线性作用和其间的协同交互作用。

自主研发路径与创新发展之间存在正相关关系，自主研发对技术创新进步发挥了主导作用。自主研发显著促进了高技术产业创新效率的提升。然而，随着研究的深入和实际情况变化，也有研究发现研发创新的效应并非一致，在某些情况下两者之间还可能表现出非显著相关性，R&D 对创新的影响甚至可能是负面的。

开放式创新环境下，关于外部知识源化驱动创新发展的关系，学者们普遍发现外部研发机构的联系能够促进知识，尤其是隐性知识向企业的流动。同时，外部知识源化可以提供互补性的知识技术信息，减小创新风险以增加创新稳定性，强劲推动创新发展。技术合作有助于企业应对全球竞争、金融和经济的不确定性、快速和根本性的技术变革以及降低投资风险。总之，外部知识源化路径显著促进了创新效率的提高。然而，与自主研发相似，学者们研究也发现了企业的外部合作对其技术创新的影响存在负向结论。开放式创新下随着研发边界开放会导致内部研发机会成本的增加，同时外部知识源化和联系的各个环节会带来更多创新成本，并在一定程度上增加结构调整风险。而且，企业间合作研发实践的失败率较高，与研发机构的合作研发等以及与竞争者的合作研发均对企业创新产生负面影响。进而，在较短的时间内，外部知识源化更为有益，但是长期来看，外部知识源化可能具有负面的影响。

关于非研发路径与创新发展的关系，非研发活动对所有类型企业的创新具有显著影响，是其促进技术创新的重要影响因素。高技术产业通过非研发创新整体上对专利产出产生了显著的正向影响。反过来，非研发技术创新者可以大量使用组织和营销等活动，以弥补他们在研发活动中的投入不足。

此外，高技术产业外部知识源化、非研发创新与自主研发之间呈现多样化的协同交互驱动效应，但亦有研究表明三种创新路径之间协同交互呈现不显著或微弱的负向作用，多样化有效创新路径正向协同效应没有充分体现出来。现阶段我国高技术产业创新驱动转型发展的同时，核心自主研发能力总体较弱，加之地区创新发展的异质性严重，东部发达地区不断加强对高技术产业科技研发投入和自主创新能力的重视，外部知识源化和非研发创新路径长期被忽视，而在中西部过度依赖外部合作和技术获取可能又会损害产业进行自主研发的积极性，外部知识源化和非研发创新与内部研发的协同驱动效应产生了替代作用。同时，地区间外部知识源化和非研发创新的重复交叉选择，多次引进、机制不当、成本增加，阻碍了多样化创新途径的正向协同溢出效应。

2.4.2.2　基于异质性的创新路径对创新驱动效率影响的动态门槛特征分析

异质门槛特征角度，基于前文门槛要素理论，驱动作用机制的不同创新路径在门槛要素异质情境差异影响下呈现一定的非线性效应。例如，严太华和刘焕鹏（2015）发现自主研发对知识积累的影响受到金融发展水平的限制，金融发展水平高的地区自主研发对知识积累具有更大的促进效应。陈恒和侯建（2016）从地区知识积累视角改进并构建自主研发创新驱动科技绩效的非线性动态门槛模型，研究表明高技术产业自主研发创新驱动科技绩效的效应显著受限于地区知识积累水平的影响，随着知识积累门槛水平提升，自主研发创新驱动效益逐渐提高，存在基于知识积累水平的双门槛效应。洪俊杰和石丽静（2017）基于中国371家创新型企业的研发数据实证检验发现自主研发与企业创新之间呈显著正相关关系，但是还受到地区制度环境的调节作用。外部知识源化方面，Laursen 和 Salter（2006）研究显示外部知识源探索与企业的创新绩效之间存在一种倒U型关系。开放式创新在一定程度上能提高一个企业的创新绩效，但跨越一定门槛水平后会呈现明显抑制作用，且开放式创新下随着研发边界开放会导致内部研发机会成本的增加，负向效应越发增强。这也与 Berchicci（2013）的研究一致。赵立雨（2016）发现一定程度上依赖于外部 R&D 活动、获取外部资源的企业具有较高的创新绩效，但外部研发合作超过一定临界值，会降低企业创新水平，尤其对于高技术企业更显著。Hou 等（2017）发现整体上制造业外部知识源化对绿色创新效率起到了显著负向影响，但随着研发水平加强，外部知识源化路径进行绿色创新的负向效应越来越小，显著受到各地区不同知识基础的门槛要素影响。非研发路径方面，侯建和陈恒（2018）研究发现地区创新水平门槛较低时，非研发创新的负向影响相对较大，而随着地区创新水平的门槛不断升高，非研发创新对创新绩效的负面影响减小，即非研发创新对高技术产业创新绩效的影响存在着地区创新水平门槛的显著特征。Chen 等（2018）研究表明内部研发中，知识积累存量越大，越有利于内部研发和技术进步，进而科技绩效提升越明显，而知识积累一旦突破了临界规模，这种促进效应呈现递减。对于外部研发和非研发，当知识积累的门槛较低时，外部研发创新的负向作用较小，非研发创新的正向影响较大，而随着知识积累水平的门槛不断升高，外部研发对创新绩效的负面影响越来越大，非研发创新对创新绩效的积极促进作用越来越小。知识积累的“门槛效应”显著存在于创新路径驱动发展关系中。

2.4.2.3 创新路径与创新驱动效率影响关系构造

在上述研究理论基础上，本书从驱动作用和影响作用的异质门槛特征视角构造了自主研发、外部知识源化和非研发三种创新路径对创新驱动效率影响的关系机理示意图，见图2－4。不同创新路径通过线性作用和其间的协同交互作用来驱动高技术产业创新驱动效率；进一步，在其时空异质性影响下，门槛要素进而发挥作用，纳入了基于异质性的创新路径对高技术产业创新驱动效率影响关系的动态门槛效应，考虑创新路径影响效应中不同地区高技术产业知识积累水平差异造成的影响作用的门槛效应。

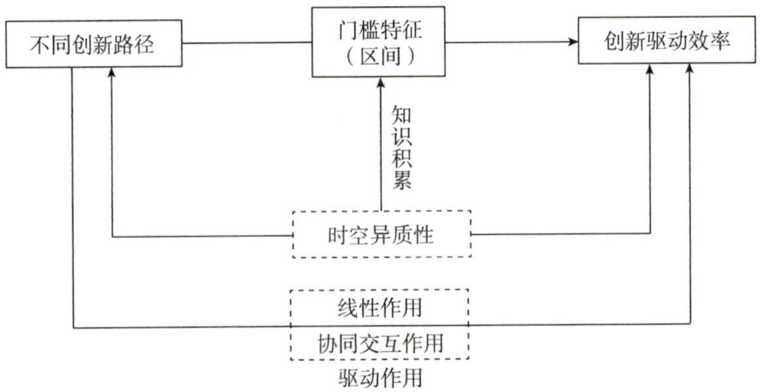

图2－4 创新路径与创新驱动效率影响关系

2.4.3 创新路径对高技术产业创新驱动效率影响的研究框架

依据前文创新路径理论、创新驱动效率理论及两者关系研究，本书在基于创新路径理论下分析创新驱动路径系统，形成“创新路径体系”和基于创新驱动效率理论下进行创新驱动效率分解，形成“创新驱动效率体系”的两条辅线过程基础上，构建本书的“驱动作用”和“异质门槛特征”形成的影响效应研究主线，提炼本书的核心内容，见图2－5。

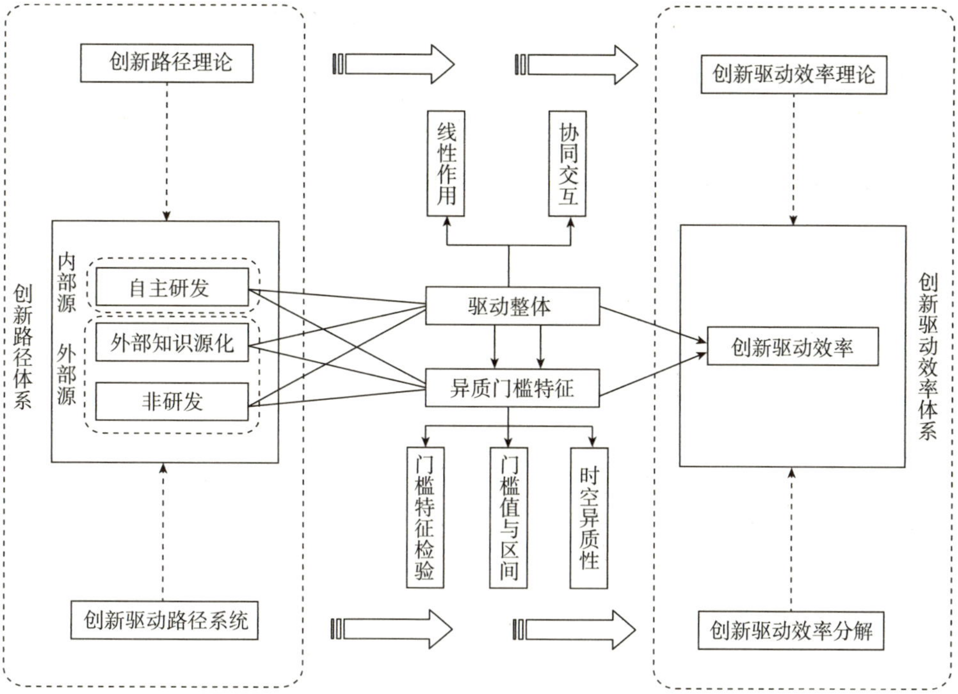

图2-5 创新路径对高技术产业创新驱动效率影响的概念模型与理论框架

具体来说，本书首先设置创新路径结构，一方面是创新路径理论，按照高技术产业创新活动特征和研发参与程度的强弱，从技术来源角度，将高技术产业自主研发创新、外部知识源化（合作）和非研发创新三种创新路径设定为研究范围，明晰多元创新路径对驱动效率的驱动结构体系和特征，提供清晰有力的创新路径理论框架。另一方面是分析创新路径系统，揭示高技术产业创新路径战略发展趋势、地区异质性和时空格局演化特征。其次探究创新驱动效率配置。一方面是创新驱动效率理论，基于以知识、技术创新要素为主要推动力的创新驱动配置方式，对驱动创新的投入要素和由此推动的经济创新发展程度的比率关系、特征和测度进行界定。另一方面创新驱动效率分解，运用处理环境效应和随机误差以及超效率技术结合的综合测度模型更为准确地识别和探究高技术产业创新驱动发展的效率异质性、时空变化及来源体系。以上两个过程表示为根据创新路径理论分析创新驱动路径系统，形成创新路径体系；根据创新驱动效率理论进行创新驱动效率分解，形成创新驱动效率体系。最后从驱动作用和其异质门槛特征两种视角构造了自主研发、外部知识源化和非研发三种创新路径对创新驱动效率的影响效应：驱动作用下，实证考察创新路径对高技术产业创新驱动效率驱动作用关系的线性驱动影响及其协同交互驱动影响；同时，由于创新门槛要素时空差异对创新模式和作用可能产生不同特征效应，各地区产业创新路径驱动的差异还取决于是否成功跨越相应的门槛值。异质性特征视角下，进一步，以影响效应存在的异质门槛要素区间为出发点，深层次剖析了创新路径对高技术产业创新驱动效率非线性影响的知识积累异质门槛特征效应。最终形成创新路径对高技术产业创新驱动效率影响效应内容关系和研究体系，以深入开展高技术产业创新驱动的实现路径、创新驱动效率及其影响效应的研究分析。

2.5 本章小结

本章主要针对高技术产业创新路径、创新驱动效率及其影响效应的相关理论进行了分析。在界定高技术产业研究对象基础上，首先介绍了其创新路径相关理论基础，根据已有研究基础界定创新路径的内涵、分类与结构体系，比较分析了高技术产业自主研发、外部知识源化和非研发三种创新路径的不同特征。其次界定了高技术产业创新驱动及驱动效率的含义和特征，分析了其创新驱动效率模型测度理论。在此基础上，通过对其创新路径与创新驱动效率的影响效应门槛要素、作用关系过程和概念模型等进行理论阐述，构建了创新路径对高技术产业创新驱动效率影响的研究内容框架。

第3章　高技术产业创新路径系统分析

系统探究创新路径模式特征对有效创新转型至关重要。基于第2章构建的高技术产业创新路径研究框架，对高技术产业不同地区开展自主研发、外部知识源化和非研发创新三种技术路径发展特征进行系统的时空数理分析。一方面，从时间演变异质角度，明晰高技术产业自主研发、外部知识源化和非研发创新总体数量特征、发展趋势与不同地区的战略结构差异。另一方面，由于中国空间异质性严重，各地区研发基础、创新能力、资金投入、人力资源、经济环境等差异，创新路径时空格局演变对我国总体创新驱动格局的发展及变革具有至关重要的作用（陈恒和侯建，2018）。因此，结合时空异质指数与构造图分析方法，研究和分析高技术产业创新驱动路径的空间格局演化特征，探究创新路径体系的时空扩展、演化效应，从而协调产业创新驱动时空均衡，系统推进全域创新。

3.1　路径变量设置与数据来源

根据第2章高技术产业创新路径内涵和结构体系，高技术产业企业技术创新获取路径大致分为研发创新和非研发创新。其中，研发创新包含自主研发和外部知识源化，前者是主要的内部技术来源，后者主要进行委托技术开发或合作研发（刘克寅等，2015）。非研发创新包含技术改造、引进技术、消化吸收和购买国内技术（谢子远和黄文军，2015），均属于外部技术来源。以此为基础，进一步按照高技术产业创新活动特征，结合侯建和陈恒（2017，2018）、陈恒等（2018）、Chen 等

（2018）现有研究做法，本章首先对其具体表征测度进行界定。

自主研发创新（IRD）。传统的自主研发是基础的创新路径之一，其规模和强度是衡量创新能力的重要指标。根据第 2 章创新路径理论，具体测算来说，企业利用内部研发创造知识（Lin 和 Wu，2010），本书考虑中国高技术产业实际情况，采用高技术产业内部研发投入计算，即 R&D 经费内部支出数据代理表示（陈恒和侯建，2016）。

外部知识源化（ERD）。外部知识源化通过外部合作创造与获取知识（付敬和朱桂龙，2014），主要包括向其他企业、大学和科研院所等组织边界外部支付的研发费用以及合作研发。因此，本书选择高技术产业外部研发经费支出来反映外部知识源化程度（侯建和陈恒，2017）。

非研发（NRD）。开放式创新过程是一个复杂多变的过程，创新的来源是多样化的，除了内外部研发之外，还存在着非研发创新投入（Santamaría 等，2009）。根据中国高技术产业非研发活动实际特点，采用各项非研发创新经费支出来衡量，包括技术改造、引进技术、消化吸收和购买国内技术。

路径变量数据选取中国高技术产业 30 个省份面板数据（不包括港澳台地区和西藏），所有数据来自 2010～2016 年《中国高技术产业统计年鉴》《中国科技统计年鉴》以及《中国统计年鉴》。需要说明的是，由于公开统计资料数据缺失和国家统计局对工业科技经费统计口径标准变动，高技术产业 2009 年以前的地区外部研发经费支出并没有公布，无法统计；并且，2009 年以后高技术产业科技活动经费内部支出统一变为 R&D 经费内部支出。因此，本书研究数据的时间范围选为 2009～2015 年。

3.2 高技术产业自主研发创新路径分析

3.2.1 自主研发创新路径时间演变异质分析

高技术产业不同地区自主研发创新投入及其比例状况如表 3－1 所示。从绝对数上变化趋势来看（见表 3 - 1、图 3 - 1），2009 ~ 2015 年中国高技术产业自主研发创新资金支出持续高速增长，从 2009 年的 8921215 万元持续增长到 2015 年的 26266585 万元，年平均增长率为 19.72%。东部地区高技术产业自主研发创新长期保持绝对优势，从 2009 年的 7157540 万元增长到 2015 年的 20311193 万元，平均占比达到 78.47%，其自主研发路径活动经费远高于中西部地区，对于实行拥有自主知识产权和核心技术研发转型变革战略具有雄厚的资金支撑，成为自主创新驱动实现产业研发价值和地区发展的先导和主要地区。同时，随着技术模仿和引进的空间逐渐缩小，高技术垄断性和限制更强，中西部地区近些年随着国家创新驱动战略的加大推进和扶持，创新基础环境和结构的进一步改善，在一定程度上表现出了自主研发力度不断增加的趋势，其中，中部地区从 2009 年的 685483 万元增长到 2015 年的 2888117 万元，在全国自主研发投入中占比由 7.68% 增加到 11.00%。西部地区由 2009 年的 682424 万元增长到 2015 年的 2380332 万元，在全国自主研发投入中占比由 7.65% 增加到 9.06%。而东北地区受限于传统资源型、重化工经济结构和老工业基地的“黑色依赖”式的惰性发展，出现了个别年份降低的趋势，自主研发支持力度不足，需要引起重视。

表 3 - 1　高技术产业不同地区内部研发投入及其比例状况

	年份	东部地区	中部地区	西部地区	东北地区	全国
内部研发投入（万元）	2009	7157540	685483	682424	395768	8921215
	2010	7871363	637548	732536	436853	9678300
	2011	11284864	1223252	1087424	813593	14409133
	2012	13817027	1451764	1344900	724408	17338101
	2013	15817080	1990256	1719199	816845	20343380
	2014	17673121	2307434	1908563	853631	22742749
	2015	20311193	2888117	2380332	686943	26266585
内部研发投入占总研发支出比重（%）	2009	92.38	94.29	89.71	88.20	92.12
	2010	93.24	92.62	94.89	92.38	93.28
	2011	92.91	91.87	94.84	95.18	93.09
	2012	93.47	94.23	94.57	90.00	93.46
	2013	93.96	93.70	94.84	94.08	94.01
	2014	94.04	94.41	95.44	92.28	94.12
	2015	91.86	94.94	95.76	90.03	92.48

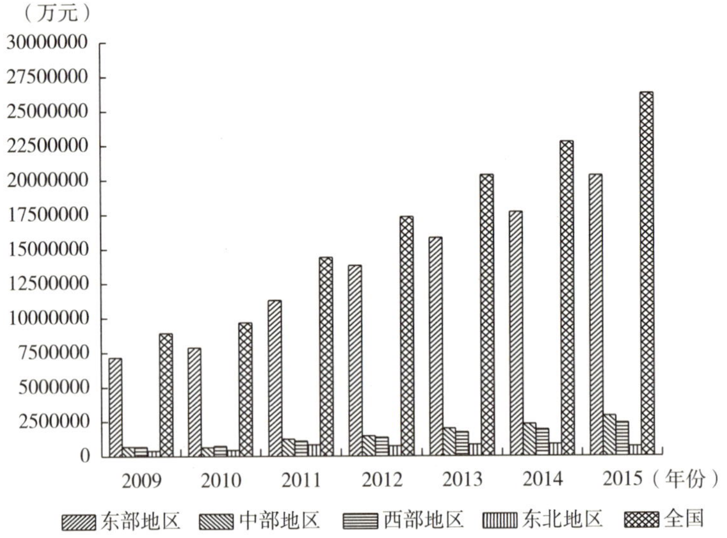

图3－1　高技术产业内部研发投入时间变化趋势

从相对值上时间变动来看（见图3－2），存在较为突出的特征：全国总体自主研发投入在总研发支出中占比均高达90%以上，表现出高技术产业作为技术和资金高度密集的战略产业，是推动要素驱动向创新驱动转变的核心力量，也是实施自主研发的先导和主要部门，成为我国创新驱动发展、自主创新转型升级的坚实支撑。中西部地区高技术产业自主研发支出比例保持了持续增长趋势，说明中西部地区在目前创新驱动转型压力下越来越重视自主研发，尽管受限于研发基础和知识积累，中西部地区不断探索内部研究开发，向具有自主知识产权的独特核心技术转型的战略推动倾向逐渐明显。而东北地区自主研发投入比例存在较大幅度波动，呈现双峰特征，由于产业自主创新基础薄弱，自主研发技术运行成本较高，而传统结构转型和政策调整充分发挥作用存在滞后机制，加之地理位置、资金、人才、经济环境等因素影响，东北地区自主研发效应存在较大发展空间。

可以发现，高技术产业技术自主研发创新路径非均衡性发展特点显著，总体趋势特征呈现未来将越来越重视内部创造和自主技术开发，东部地区远远高于中西部和东北部地区，引领我国创新驱动增长转型。

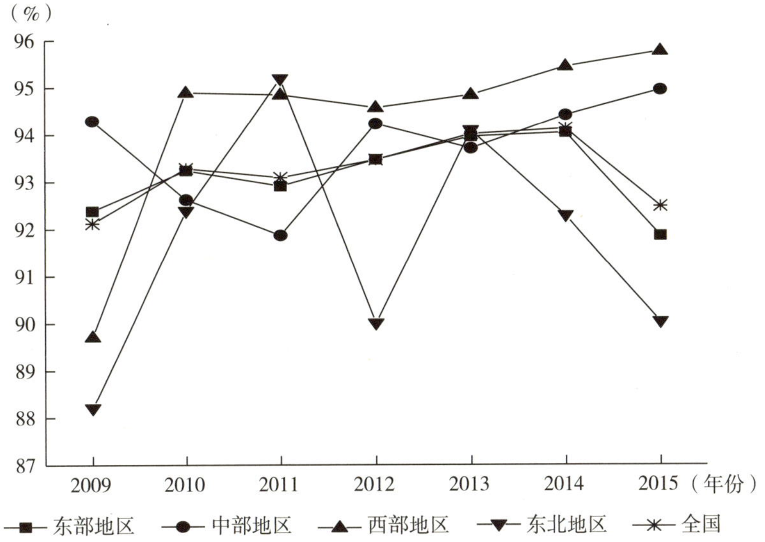

图3-2 高技术产业内部研发投入比例时间变化趋势

3.2.2 自主研发创新路径空间格局演化特征

2009年，多数省份自主研发处于低水平，仅有北京、上海、山东、江苏、浙江和广东等省份自主研发水平高，占比33.3%，这些较早跨越高自主研发水平的省份多数集中于东部及沿海地区，不仅知识积累水平较高，其高技术产业的研发资金、产业结构、人力资本、技术信息等接近发达国家水平，自主研发创新基础完善，加强自主研发创新所带动的科技绩效增长作用非常明显。中西部地区仅有重庆和四川自主研发处于一定领先水平，大多数中西部地区还处于落后的研发状态，自主研发驱动作用仍然受限。分布格局呈现显著的不均衡异质特征。

各地区高技术产业在创新驱动战略大力推进下，自主研发投入水平在不断增加，尤其是中西部地区表现出较大跃迁，总体空间格局在稳定增长基础上，未来东中部突出、西部凹陷的空间格局态势明显。与地区经济水平差距一致，自主研发投入也映射了自东向西依次减少的格局。至2015年，绝大多数省份挤入高水平自主研发投入行列，只有青海、甘肃和新疆地区还处于较为落后的自主研发状态，这些省份由于地理位置、资金、人才、经济环境等因素影响，产业研发水平较低，知识和技术积累基础差，一定程度地加强企业内生知识积累及其利用会大力提升产业科技绩效。应加快社会创新资源整合，加强东部和中西部联动，克服产业自主研发的知识积累门槛约束，实现产业自主研发转型与技术进步的跃迁。

基于空间格局演化状态，基于时空异质性分析评价指数，利用变差系数（CV）和集中度指数（CR_n）进一步测算出各地区自主研发发展水平的分异演化与集中程度时间变化趋势（见图 3－3）。变差系数（CV）可以反映该地区发展水平与平均水平的相对分异程度和波动程度，充分展现各创新路径在省域间的差异变化。其计算公式为：

$$CV = \frac{\sqrt{\frac{\sum_{i=1}^{n}(X_i - \overline{X})^2}{n}}}{\overline{X}} \tag{3-1}$$

而集中度指数 CR_n 用于衡量各创新路径发展水平在小部分区域的集中程度，用发展排名靠前的地区的规模之和占全国发展水平的比例来表示，其计算公式为：

$$CR_n = \frac{\sum_{i=1}^{n} X_i}{\sum_{i=1} X_i} \tag{3-2}$$

其中，CR 代表各创新路径发展水平最高的 n 个省份之和占全国各创新路径发展水平总和的比重，此处采用 CR_5。

从 2009 年到 2015 年各省份高技术产业自主研发投入变差系数（CV）的年际变化来看，总体上省份间的高技术产业自主研发投入的相对差异呈现逐渐缩小趋势。变差系数（CV）值从 1.94 下降到 1.81，下降了 6.7%，大致分为两个阶段：2009～2010 年，变差系数短暂波动上升；2010～2015 年，变差系数持续下降。这一结果表明由于各地区高技术产业不断增强创新支持幅度，省区间的投入力度差距逐渐降低。我国制定实施的一系列促进自主创新的政策取得了积极的效果，相关配套政策的作用初见成效。同时，这七年间自主研发投入集中度指数（CR_5）从 0.68 下降到 0.64，反映了高技术产业自主研发创新投入强度存在一定程度的空间分布趋同，但这种空间集中程度趋于下降，未来在自主研发的绝大部分份额被少数省份所占有的状态会不断被分化。其间在2010年和2012年有小幅上升，说明在经历阶段性外部创新驱动扶持与国际技术创新成本和风险变化之后，高创新经费投入地区更倾向于自主知识产权和核心技术努力，从而提高了自主研发投入强度的空间集中度。但由于变差系数逐渐缩小，中西部地区不断强化自主研发努力，未来自主研发发展将会在更大范围内推进。

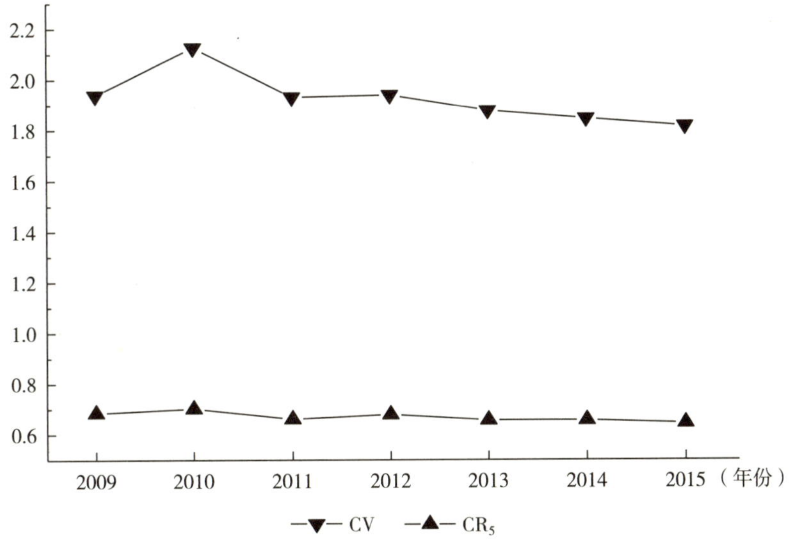

图3-3　高技术产业内部研发投入变差系数和集中度指数变化趋势

3.3　高技术产业外部知识源化创新路径分析

3.3.1　外部知识源化创新路径时间演变异质分析

表3-2显示了高技术产业不同地区外部研发支出及其比例状况，结合图3-4，从绝对数上时间变化趋势来看，全国高技术产业外部研发支出从2009年的762720

表 3-2　高技术产业不同地区外部研发支出及其比例状况

	年份	东部地区	中部地区	西部地区	东北地区	全国
外部研发支出（万元）	2009	590061	41498	78236	52925	762720
	2010	570836	50765	39448	36020	697069
	2011	861493	108279	59126	41172	1070070
	2012	965681	88964	77230	80512	1212388
	2013	1017494	133723	93583	51367	1296167
	2014	1120326	136660	91263	71412	1419662
	2015	1800839	153786	105388	76101	2136114
外部研发支出占总研发支出比重（%）	2009	7. 62	5. 71	10. 29	11. 80	7. 88
	2010	6. 76	7. 38	5. 11	7. 62	6. 72
	2011	7. 09	8. 13	5. 16	4. 82	6. 91
	2012	6. 53	5. 77	5. 43	10. 00	6. 54
	2013	6. 04	6. 30	5. 16	5. 92	5. 99
	2014	5. 96	5. 59	4. 56	7. 72	5. 88
	2015	8. 14	5. 06	4. 24	9. 97	7. 52

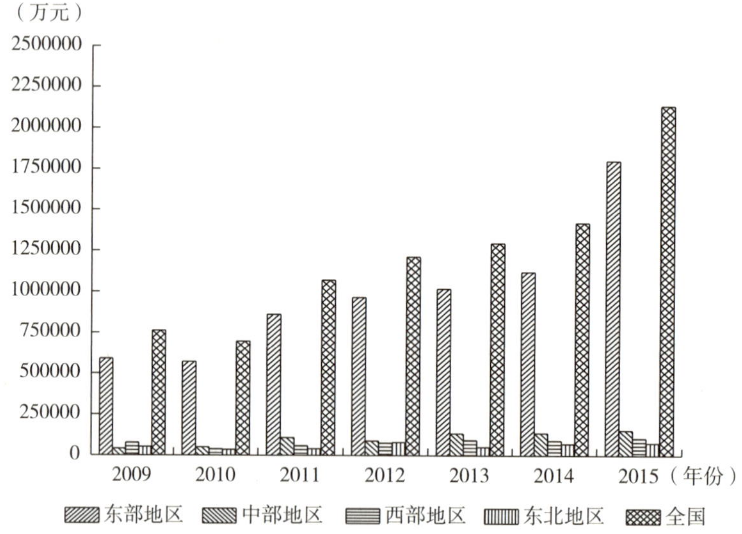

图 3-4　高技术产业外部研发支出时间变化趋势

万元持续增长到2015年的2136114万元，年均增长率18.73%；随着知识和创新成果扩散，技术外溢速度加快，创新生命周期缩短，加之技术复杂度提高，创新资源配置格局发生深刻变化，单纯依靠企业内部资源研发风险加大，尤其对于落实创新驱动发展关键一环的高技术产业，创新所需的技术和资源变得更为分散，前沿领域同步自主研发变得越来越困难。因此，越来越多地区企业强调寻求外部资源和技术合作缓解内部研发。东部地区高技术产业依靠发达的经济基础，其开展外部知识源化活动的经费远高于中西部地区，从2009年的590061万元急剧增长到2015年的1800839万元，增幅达到3倍左右。东部地区多数企业率先开展实行外部合作创造与获取知识，以及与具有技术优势的企业、大学和研究机构进行合作研发、研发外包、委托技术开发等模式的创新范式转型战略。中西部和东北地区由于高技术产业创新投入严重不足，自身研发能力较弱，也保持了一定程度的外部费用支出。其中，中部地区从2009年的41498万元增长到2015年的153786万元，增幅接近4倍。西部地区由2009年的78236万元增长到2015年的105388万元，而东北地区也从2009年的52925万元增长到2015年的76101万元，中西部和东北地区均显示出不同幅度的外部研发源化科技创新经费增长，尽管没有形成较大规模的寻求外部合作的弥补效应，但这种持续增长的外部研发支出趋势却在不断强化。

表3-2和图3-5显示了高技术产业外部研发支出比例时间变化趋势。总体上来说，全国高技术产业外部研发支出比例有一定下降趋势，自主研发增长比例大于寻求外部研发源化的比例，中西部地区在有限的创新投入资源基础上外部合作投入资金进一步被挤压，而东北地区外部研发比例波动较大，外部合作情况随体制调整限制较明显。中西部地区以及东北地区自主研发基础还比较薄弱，一方面，地区异质性严重条件下产业创新发展中又存在多样化驱动因素可以进行有效利用，结合高技术产业自身技术基础，合理选择其外部知识源化战略，可以创造更多机会与外部知识源互动来获取新知识，降低企业的研发成本与研发风险，缩短创新周期，重视通过外部研发合作和技术改造吸收等研发路径来培养自主创新能力，以取得更高的创新绩效产出。另一方面，由于我国高技术产业整体创新资源不足的限制，而地区要建立开放联系，探索新型开放式创新成本则风险较高，

加之自主研发资金的挤压和政策体制调整，寻求外部合作资金投入强度进一步被挤压，长期而言，不利于产业进行开放式创新驱动策略及有效的创新范式转型。

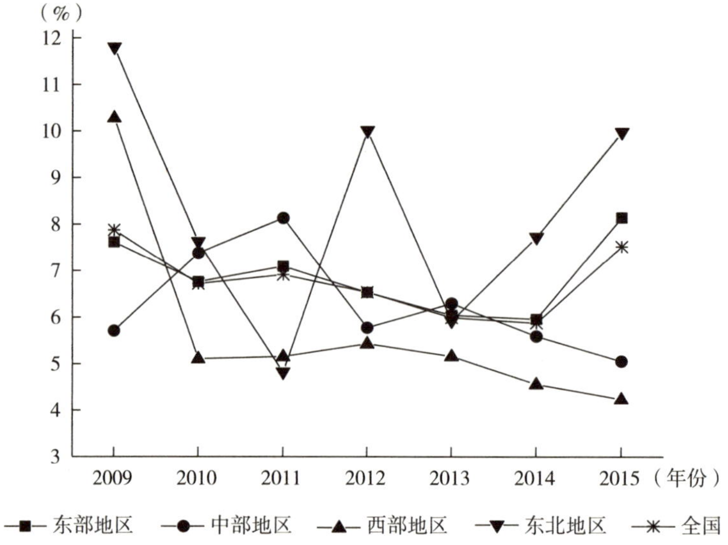

图 3-5　高技术产业外部研发支出比例时间变化趋势

因此，可以发现，高技术产业外部知识源化创新路径也呈现明显的非均衡性发展特征，总体上越来越多地区企业强调寻求外部资源和技术合作缓解内部研发，东部地区仍然占有绝对优势，但中西部在一定程度上保持了不断增长的外部研发支出趋势。同时，全国高技术产业外部研发支出在其总研发资金的占比却出现一定下降趋势，尤其是中西部地区在有限的创新投入资源基础上外部合作投入资金进一步被挤压，外部知识源化路径的弥补效应无法得到有效利用，有必要引起高度重视。

3.3.2　外部知识源化创新路径空间格局演化特征

2009 年，东部地区如北京、天津、上海、山东、江苏、浙江和广东等省份基于充足的创新资源支持在外部研发方面保持了领先水平；中西部地区的陕西和四川也保持了较高水平的外部研发合作状态，在一定程度上实现创新资源的互补和共享，为促进中西部其他地区企业与外部研发机构之间建立联系，推动知识尤其是隐性知识的流动起到了示范效应，为创新驱动绩效提升提供保障。2011～2013年中西部地区外部知识源化活动水平在整体不高的基础上略有波动，外部研发主体仍然在多数东部沿海地区。至2015年，大多数省份外部知识源化支出仍然保持在一定较低水平，除了东部沿海地区以外，只有四川、湖北和黑龙江具有较高的外部投入趋势。实践中，中国创新资源空间分配不均的情境下，大部分高技术产业仍然受自身资源条件限制，研发基础薄弱，研发强度仅为1.87%左右(2015)，依靠研发驱动作用还存在很大提升空间，因此，目前研发基础薄弱条件下外部合作活动也可能受到较大限制。近年来，中国高技术产业又受到产品生命周期缩短、自主创新不足和国际技术产权壁垒等限制，加之能源紧缺、资源昂贵以及环境保护压力等紧迫问题，中西部有一定经济基础的四川和湖北等省份在克服产业自身研发创新资源积累门槛约束基础上，逐步通过积极寻求和动员外部资源来补充内部研发的不足，为高技术产业展开外部合作活动形成规模效应和良好基础条件。进一步，计算2009～2015年各省份高技术产业外部研发支出变差系数（CV）和集中度指数（CR_5）。从图3－6可以看出，与自主研发投入相反，我国省区间的高技术产业外部研发投入的相对差异总体上呈现逐渐扩大趋势。变差系数（CV）值从2009年的1.46上升为2015年的1.99，增幅为36.3%。其中，2011年出现大幅上升，这也和图3－6对应所示状态一致，外部研发支出的较大部分份额被少数东部沿海省份所占有，导致省域间差距变大。2011年以后虽然这种省域差距有所降低，但是这种在少数省份集中的趋势却在不断强化，而且呈现中西部崛起的趋势。同时，2009～2015年外部研发支出集中度指数（CR_5）也略有增长，从2009年的0.64上升为2015年的0.71，表明高技术产业外部研发支出在地理空间上趋于集中，未来外部研发发展的不平衡性在空间上可能呈现进一步扩大态势。由于外部研发支出变异系数也在逐渐扩大，在目前创新风险急剧变动下，未来应考虑集中地区向中西部和东北地区转移，以四川、湖北和黑龙江为例，由于它们在研发经费、研发人员和专利产出方面比较优势并不是十分明显，中西部较落后地区已经开始在开放式创新方面做出努力，外部研发支出呈现一定程度的集中，中西部和东北地区在考虑自身创新资源和创新活动特征基础上，合理利用外部研发合作与联系与东部建立更多创新联动，充分发挥外部知识源化的弥补效应。

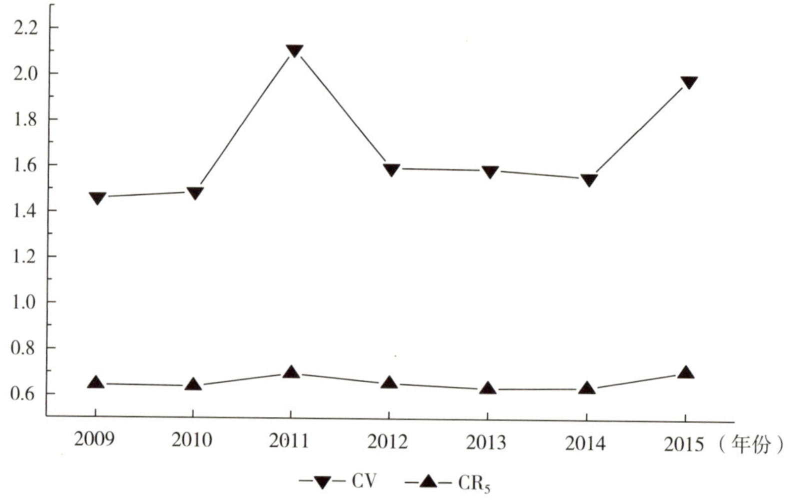

图3-6　高技术产业外部研发支出变差系数和集中度指数变化趋势

3.4　高技术产业非研发创新路径分析

3.4.1　非研发创新路径时间演变异质分析

高技术产业不同地区非研发创新投入及其比例状况见表3-3。结合图3-7可以发现，全国高技术产业非研发创新投入从2009年的3512467万元增长到2015年的5581011万元，年均增长率为8.02%。然而，相对于研发经费（自主研发投入年均增长率为19.72%，外部研发支出年均增长率为18.73%），表明高技术产业越来越重视技术研发，非研发创新一定程度上被产业企业忽视；东部地区高技术产业开展非研发创新活动的经费仍然远高于中西部地区，平均占比68.88%。而且

表 3-3　高技术产业不同地区非研发创新投入及其比例状况

	年份	东部地区	中部地区	西部地区	东北地区	全国
非研发创新投入（万元）	2009	2224741	418728	584622	284376	3512467
	2010	2667181	273565	621845	163770	3723365
	2011	2938295	458454	441103	278904	4116755
	2012	3396386	536921	663805	253745	4850863
	2013	3938691	673829	488260	236052	5336831
	2014	3184555	767365	713845	395432	5061196
	2015	3816724	878438	696671	189178	5581011
非研发创新投入占自主研发投入比重（%）	2009	31.08	61.09	85.67	71.85	39.37
	2010	33.88	42.91	84.89	37.49	38.47
	2011	26.04	37.48	40.56	34.28	28.57
	2012	24.58	36.98	49.36	35.03	27.98
	2013	24.90	33.86	28.40	28.90	26.23
	2014	18.02	33.26	37.40	46.32	22.25
	2015	18.79	30.42	29.27	27.54	21.25

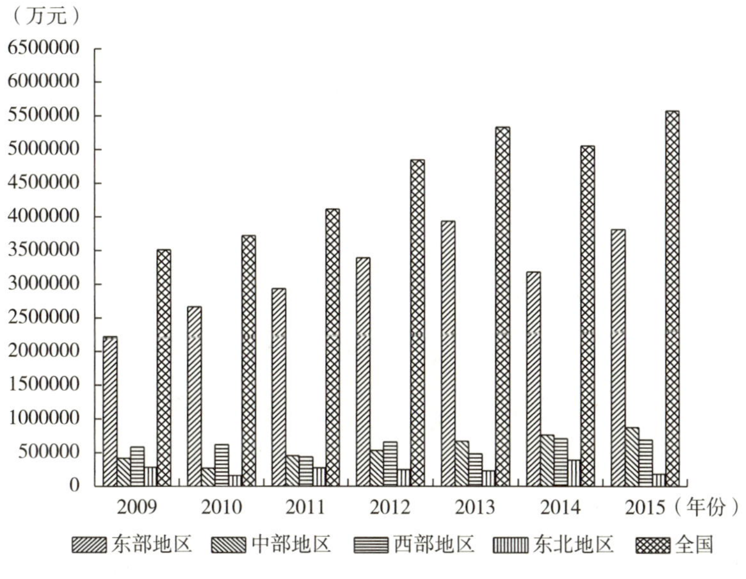

图 3-7　高技术产业非研发投入时间变化趋势

从2009年的2224741万元增长到2015年的3816724万元，增幅为71.56%，在开放式创新体系下积极对产业技术改造、引进技术、消化吸收和购买国内技术等活动进行资金投入支撑。中西部地区也保持了一定的增长态势，其中，中部地区从2009年的418728万元增长到2015年的878438万元，在全国非研发投入中占比由11.92%增加到15.94%，西部地区由2009年的584622万元增长到2015年的696671万元，但在全国非研发投入中占比由16.64%降低到12.48%。然而，东北地区非研发投入受到了一定程度的挤压，呈现减少趋势。目前大部分发展中国家虽然开始由封闭式创新向开放式创新转变，逐渐重视外部研发和非研发渠道，但是创新活动仍然以传统的内部研发投入为主，在国家创新驱动战略大力推动下，未来高技术产业将保持以自主研发投入为主，外部研发和非研发资金同步增加的演化趋势。非研发支撑非均衡性发展特点同时显著，中西部和东北地区知识积累没有足够完善，面临开放式创新环境趋势，未来非研发创新是产业积累与转型阶段驱动发展的有效创新因素和策略，但必须依靠一定知识基础，当产业积累了较高的知识技术研发基础（东部地区），有能力在研发上加大投入之后，产业内部知识积累会提高企业研发活动消化、吸收和转化外部获取的知识效率，反过来增加企业知识积累存量，为产业开展非研发提供坚实基础。

从表3-3和图3-8中来看，非研发活动相对变化存在显著的特征：中西部地区以及东北地区高技术产业非研发创新投入与自主研发支出比值明显高于东部地区，说明中西部地区自主研发基础还比较薄弱，倾向于依赖成本小、风险低与周期短的非研发创新途径。然而，2009~2015年，总体上来说，各地区高技术产业非研发创新投入比例呈现不断下降趋势，一方面，这说明高技术产业越来越重视自主技术开发，非研发资金投入没有形成良好的规模效应。另一方面，非研发创新投入在高技术产业研发经费中仍然占有一定比例，至2015年非研发创新投入占自主研发支出比重仍然达到21.25%，非研发创新投入仍然是高技术产业技术创新经费支出的重要组成部分，对产业技术创新产生一定影响，有必要引起高度重视。

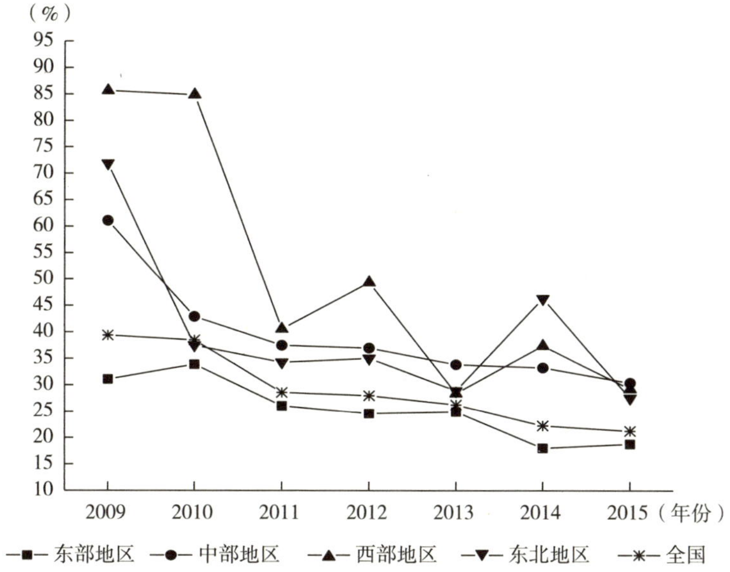

图3-8 高技术产业非研发投入比例时间变化趋势

3.4.2 非研发创新路径空间格局演化特征

具体各省份分布来说，陕西、四川与河南三个中西部省份和多数东部沿海省份一样，在2009年显示出较高水平的非研发创新投入。2011~2013年，中部地区和东北地区非研发投入较多的省份存在一定波动，其中湖南省在技术改造、引进技术以及消化吸收方面投入持续增长，在中西部地区较为突出，对周围中西部地区省份可以产生辐射与溢出效应。同时，在经济发达的东部沿海省市如上海、江苏、浙江、广东等，其非研发创新投入也较高，但是所占比重较小。至2015年，不仅东部沿海地区，更多中西部地区省份非研发投入水平进一步扩大，例如陕西、江西、云南、贵州，高技术产业非研发创新投入表现出空间持续扩大趋势。从绝对数值和相对比例上综合来看，尽管一些中西部省份和东部省份高技术产业都存在较高的非研发创新投入，但是仍然存在强烈的空间不均衡性。因此，西部地区由于技术基础薄弱，自主创新程度不高，未来更多地需要引进消化外部技术知识，充分利用非研发创新成本低、风险小以及周期短等优点有效开展创新活动，提升创新绩效。

需要说明的是，针对非研发投入增长趋势，本书认为高技术产业应该正确处理非研发创新与外部知识源化、自主研发之间的关系，充分发挥多样化创新途径的正向协同溢出效应。尽可能地利用外部知识源化和非研发创新为高技术产业自主研发提供更加优良的内部环境和基础，而避免过度强化非研发活动“替代”影响，损害高技术产业自主研发的积极性；进一步建立完善高技术产业多样化创新路径的有效实施平台和监督机制，进行合理筛选、引进、改造与积累。通过合理适当分配多样化的非研发创新路径协同，在高技术产业具备发达的自主研发创新能力和完善的关键核心技术体系基础上，逐步转向系统的自主研发活动来有效驱动创新绩效和创新转型。

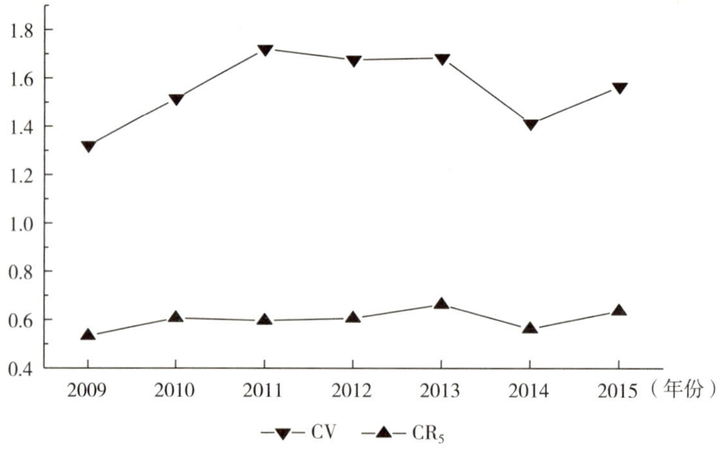

图 3－9 高技术产业非研发投入变差系数和集中度指数变化趋势

基于变差系数（CV）和集中度指数（CR_5）公式，计算得到 2009～2015 年各省份高技术产业非研发投入的变差系数和集中度指数。从图 3－9 可以看出，与外部来源的外部研发投入一致，我国省份间的高技术产业非研发投入的相对差异总体上呈现逐渐扩大趋势。非研发投入变差系数（CV）值从 2009 年的 1.32 上升到 2015 年的 1.56，增幅为 18.2%。其中，2011 年出现大幅上升，区域差距程度达到 1.72，与外部研发投入一致，表明省域间外部来源的科技经费投入受到经济基础和体制调整等多方面相似因素影响，其不均衡性波动呈现较为一致特征，而且更为显著。2014 年短暂回落，随着多数地区非研发投入与自主研发投入比例不断减少，中西部地区以及东北地区高技术产业非研发创新投入与自主研发支出比值明显高于东部地区。这种差距趋势在地区间有一定减弱，但仍然保持了持续扩大状态。同时，2009 ~ 2015 年高技术产业非研发投入集中度指数（CR_5）也有所增长，从 2009 年的 0.53 上升为 2015 年的 0.64，表明高技术产业非研发投入在地理空间上集中度有所上升。其中，尽管由于区域间非研发投入差距的短暂回落导致非研发投入空间集中度也出现较小程度的降低，以及各地区省份的非研发投入在绝对变化上的努力，但并没有改变空间分布相对集中的演化状态，未来非研发发展的不平衡性与外部研发一致，在空间上可能呈现进一步差距分化和少数地区占有程度进一步扩大态势。因此，需要针对不同发展阶段和不同地区的创新路径投入水平差异分布情况进行合理控制，一方面，需要注意区域间固有的经济差距梯度，在空间差距分化和少数地区集中情况下，为了充分发挥创新路径有效驱动效应，创新资源雄厚的地区适当加强内部研发，例如中国东部沿海地区、北京、上海等。而低知识积累水平地区则需要更多地鼓励非研发创新活动发展，充分发挥开放式创新效应，对多样化的创新路径进行合理有效的最优化转变。另一方面，更为重要的是，根据非研发活动特点和结构，非研发活动地区集中和两极分化，也可能产生地区不断的重复引进、持续技术引进，2015 年数据表明，中国高技术产业年技术引进经费支出为 756931.4 万元，但是技术消化吸收经费支出仅为 139246.7 万元，仅为其 1/6 左右。地区在引进技术上与国外差距太大，后期没有能力或没有很好地通过消化吸收再创新转化为自己的专利技术，同时会伴随着知识产权两个方面问题，使得创新资源有限的地区不能充分利用非研发活动，非研发投入的差距分化和少数占有态势较难改变，进而更制约着高技术产业的非研发创新发展路径。

3.5 本章小结

本章基于时空异质指数与构造图方法，从时间演变异质因素和空间格局差异因素两个方面系统分析了我国高技术产业自主研发、外部知识源化和非研发三种创新路径的总体数量特征、发展趋势与区域异质性特征等发展战略时间演变特征，和格局演化的状态、省域间差异变化与集中程度等地理空间格局演变趋势。总体来说，高技术产业创新路径非均衡性发展特点显著，总体趋势特征呈现越来越重视内部创造和自主技术开发。同时，外部知识源化和非研发创新投入支出在高技术产业科技活动经费中仍然占有一定比例，有必要引起高度重视。而且，东部地区开展创新经费远高于中西部地区，而中西部地区及东北地区在非研发创新投入上的比重要高于东部地区。最后，自主研发路径省份间相对差异逐渐缩小，空间集中度有所下降，未来被少数省份所占有的状态会不断被分化。而外部知识源化和非研发省域间相对差异呈现逐渐扩大状态，在地理空间上也趋于集中，未来趋向于差距分化和少数地区占有程度进一步扩大态势。

第 4 章　高技术产业创新驱动效率测度分析

要探索和构建有效的创新驱动发展提升路径体系，就必须在系统研究创新路径基础上，分析创新发展绩效和效率体系及配置，逐步对技术创新系统进行改进，以有效实现创新驱动发展。创新驱动发展意味着使创新成为推动经济增长的主动力，即经济增长主要依靠科学技术的创新带来效益。一方面，长期依靠投资要素驱动的增长方式越来越受到资源和环境不可持续供给的制约，而创新驱动可以在减少物质资源投入的基础上实现经济持续增长，亟待进行可持续发展的创新驱动转型（陈曦，2013；黄宁燕和培德，2013；王珍珍，2004）。另一方面，由第 3 章也可以发现，我国创新驱动发展战略实施过程中还存在许多问题，例如，创新资源区域不均衡性、创新投入结构不完善以及背后的创新体制机制滞后性等。因此，真正有效实现创新驱动发展，并避免创新驱动过程的资源供给制约及各种后发问题，需要在对创新驱动发展路径研究基础上进一步测度创新驱动发展的效率，研究创新驱动投入和产出如何组合和分配，从而达到驱动效率最大化，而不是宽泛意义上的创新效率测度。

同时，国家创新驱动发展战略推动下，产业发展的知识、技术、信息要素愈加重要，加上资源生态的严峻形势，传统制造业更多地向技术密集型产业转化，发展形式从低端制造业向高端的、知识密集度高的高技术产业发展。高技术产业已成为国家提高创新驱动能力，实现创新驱动发展的关键，也是目前全球经济中增长最快、最耀眼的部分。然而，创新驱动是一个复杂的系统过程，由于区域创新系统内外部环境复杂多变，高技术产业创新驱动融入众多复杂环境因素影响：政府资源配置合理性、要素禀赋结构差异、市场波动、国际化竞争及知识转移复杂多变等，加之产业创新资源自身分布的不均衡性，高技术产业创新发展呈现明显的时空异质性态势，是其创新驱动发展过程中的重要波动影响条件。产业的创新驱动发展受到系统本身和外部环境因素差异产生的重要影响作用，如果不加以控制考虑，会导致一定程度的结论偏差（白俊红和蒋伏心，2011）。

综上，本章基于处理环境效应和随机误差的模型设计，纳入对高技术产业创新驱动影响的多元复杂环境因素效应差异处理控制，针对高技术产业省际创新驱动发展效率进行有效测度，更为准确地识别和探究高技术产业创新驱动效率差异、时空变化和来源分解，深层次分析关键转型期间最优化的产业创新驱动资源的配置和使用，为系统深入探究提升高技术产业创新驱动效率的有效路径奠定有力基础。

4.1 高技术产业创新驱动效率研究设计

4.1.1 处理环境效应和随机误差的综合测度模型设定

关于区域及产业创新效率的研究中，目前文献广泛采用 Charnes 等（1978）提出的数据包络分析方法（DEA）。DEA 无须建立变量之间的严格函数关系，并能同时处理很多的输入输出量。但传统 DEA 没有考虑测量误差或环境因素的影响，而且并不能将所有 DMU 效率值计算出来，对同时有效的多个决策单元区分排序（Li 等，2013）。此后，很多学者采用传统 DEA - Malmquist 指数方法和超效率模型进行效率区分估计，但仍然没有解决环境因素的影响误差。效率损失是管理内因、环境与随机误差外生因素共同作用的结果（Fried 等，2002）。此外，亦有 Aigner、Lovell 和 Schmidt（1977）提出的随机前沿（SFA）参数方法，在面板模型假设适当情况下会得到更好的计量估计，但函数形式设定和分布假设过于严格，应用范围受到一定限制。得益于 Fried 等（2002）提出的三阶段 DEA 模型，考虑处理环境和随机误差影响，结合 SFA 模型对传统测算的投入松弛进行修正及调整，更加真实地反映决策单元的实际效率水平。但由于在传统DEA模型基础上进行的改进，出现多个决策单元同时有效时无法区分和排序，不能有效反映其差异结构。另一种文献做法是DEA－Tobit结合，在传统测算后通过回归技术检验影响因素作用机制，实质并没有改变传统测算方法考虑环境影响（白俊红和蒋伏心，2011）。

综上，以往研究侧重宽泛意义上的创新效率计算，未能有效考虑环境效应和随机误差影响，导致错误的结论；无法克服出现多个决策单元同时有效时的区分和甄别分析缺陷；注重评价指标体系和效果，将环境因素和随机误差引入模型研究高技术产业创新驱动发展成效的综合分析方面问题微乎甚微。

基于此，区别于传统方法的缺陷，本章模型设计思路在于：首先，通过传统的DEA－BCC模型计算原始投入产出绩效；其次，引入环境因素和随机误差的影响，运用BCC模型分离样本投入的偏移量，进而通过SFA模型进行分解调整和修正；最后，将调整修正后的投入量再次代入DEA模型，并结合构建Super－DEA模型进一步有效区分度量调整后更为真实的综合效率值。考虑环境因素、随机误差与异质分析结合，不仅处理环境和误差因素的影响，又在三阶段DEA模型基础上进一步创新构建超效率计算模型修正，克服三阶段DEA模型无法对多个决策单元同时有效时的区分比较，难以有效测度各投入单位效率差异变化缺陷。因此，既利用三阶段DEA模型处理了环境变量和随机误差，较以往研究更具有科学性、准确性，反映地区产业的真实效率水平；又采用超效率模型（Super－DEA）处理区分效率的全面变化差异情况，增加比较分析，为后文检验高技术产业创新路径驱动的影响效应方向变动和力度异质性奠定了有力的基础。

下面进行具体论述。

（1）传统DEA－BCC模型。

基于实际市场要素变动，BCC经典修正模型用规模报酬可变假设取代了CCR模型的固定规模报酬假设，对非最佳生产规模和技术无效率分解，更精确反映效率水平。决策单元DMU_0投入导向的BCC模型为：

$$\min[\theta - \varepsilon(\hat{e}_1^T IS + \hat{e}_2^T OS)]$$

$$
\text{s. t.}\begin{cases}\sum_{j=1}^{K}\lambda_j x_j + IS = \theta_v X_0\\ \sum_{j=1}^{K}\lambda_j y_j - OS = Y_0\\ \sum_{j=1}^{K}\lambda_j = 1\\ \lambda_j \geqslant 0(j = 1,2,\cdots,K)\\ IS \geqslant 0, OS \geqslant 0\end{cases} \tag{4-1}
$$

式（4－1）中，$j=1$，z，…，K，X_0、Y_0 为投入和产出向量，$IS=$（IS_1，IS_2，…，IS_M）^{T} 是投入松弛量，OS（OS_1，OS_2，…，OS_M）^{T} 是产出松弛量。θ 为有效值，ε 为非阿基米德无穷小量。

BCC 模型对每个决策单元的综合技术效率（TE）、纯技术效率（PTE）和规模效率（SE）区分。传统 BCC 模型发展得较为成熟，此处不再赘述。公式可表示为：

$$TE = SE \times PTE \tag{4-2}$$

需要说明的是，由于模型缺乏考虑环境因素和随机误差影响，无法明确反映效率损失来源于管理内因还是环境或随机误差外生影响，也无法将全部同时有效的多个决策单元 DMU 效率值加以计算区分。

（2）运用 SFA 分解第一阶段的松弛变量进行调整。

本书重点在第二阶段将各 DMU 通过 BCC 模型投入导向分出投入项的松弛量，运用 SFA 模型分解分析环境变量（回归项）、管理非效率（单边误差组合）和随机误差（对称误差组合）三部分因素影响，并对投入变量进行调整修正。误差项的非对称性是 SFA 的明显优势。由

$$s^{ni} = x^{ni} - X_n\lambda \geqslant 0,\ (n = 1 \sim N,\ i = 1 \sim I) \tag{4-3}$$

x^{ni}为原始第 i 个决策单位第 n 项投入，X_n 为 X 的第 n 列，$X_n\lambda$ 为第 i 个 DMU 的第 n 项投入值在效率前沿面的最优映射。环境变量为 $z_i=[z_{1i},\ z_{ki}]$，$(i=1\sim I,\ k=1\sim K)$。进而

$$S_{ni} = f^n(z_i;\ \beta^n) + v_{ni} + u_{ni},\ (n = 1 \sim N,\ i = 1 \sim I) \tag{4-4}$$

式（4－4）SFA方程中，$f^n(z_i;\ \beta^n)$ 为确定可行松弛前沿，β^n 为待估系数，$v_{ni}+u_{ni}$为误差混合项。假定 $v_{ni}\sim N+$（0，σ_{vn}^2）反映随机误差，$u_{ni}\geqslant 0$ 反映管理非效率。假定 $U_ni\sim N+$（U^n，σ_{un}^2），并且 v_{ni}，u_{ni}和 z_i 之间相互独立。回归方程通过最大似然法估计的待估参数为（β^n，u^n，σ_{vn}^2，σ_{un}^2）。确定性可行松弛前沿 $f^n(z_i;\ \beta^n)$ 代表环境变量对松弛变量的影响。最小松弛量为随机可行松弛前沿（SFSF），其公式为$f^n(z_i;\ \beta^n)+v_{ni}$，（$u_{ni}\geqslant 0$）。松弛变量能够通过以变量（$z_i$，$v_{ni}$）和系数（$\beta^n$，$\sigma_{vn}^2$）的回归模型得到。在模型环境变量 z_i 和随机误差 v_{ni}调整后超过 SFSF 的松弛量为管理非效率。

投入调整通过回归结果构建：

$$x_{ni}^A=x_{ni}+[\max\{z_i\beta^n\}-z_i\beta^n]+[\max\{v_{ni}\}-v_{ni}],\ (n=1\sim N,\ i=1\sim I)\quad(4-5)$$

式（4－5）中 x_{ni}^A和 x_{ni}分别代表调整后和调整前的投入量。$[\max\ \{v_{ni}\}\ -v_{ni}]$ 调整为观察样本中的最坏环境。$[\max\ \{z_i\beta^n\}\ -z_i\beta^n]$ 调整为样本遇到的最坏运气。

进一步，借鉴 Jondrow 等学者的 JLMS 技术，把式（4－4）中的随机误差与管理非效率进行分离，以此计算随机误差估计值 v_{ni}。

$$\sigma^2=\sigma_u^2+\sigma_v^2,\ u_*=-\sigma_u^2\varepsilon/\sigma^2,\ \sigma_*^2=\sigma_u^2\sigma_v^2/\sigma^2,\ \varepsilon=v_{ni}+u_{ni}$$

$$E(u\mid\varepsilon)=u_*+\sigma_*f(-u_*/\sigma_*)/[1-F(-u_*/\sigma_*)]\quad(4-6)$$

式（4－6）中 f 和 F 分别表示标准正态分布的概率密度和分布函数。

将 $-u_*/\sigma_*=\varepsilon\lambda/\sigma$，$\lambda=\sigma_u/\sigma_v$ 代入式（4－6），得到如下形式的估计：

$$E(u\mid\varepsilon)=\sigma_*[f(\varepsilon\lambda/\sigma)/(1-F(\varepsilon\lambda/\sigma))-(\varepsilon\lambda/\sigma)]\quad(4-7)$$

通过管理非效率的条件估计 E（$U_{ni}/v_{ni}+u_{ni}$），能够得到随机误差的条件估计：

$$E(v_{ni}\mid v_{ni}+u_{ni})=s_{ni}-z_i\beta^n-E(u\mid v_{ni}+u_{ni}),\ (n=1\sim N,\ i=1\sim I)\quad(4-8)$$

E（$v_{ni}\mid v_{ni}+u_{ni}$），E（$u_{ni}\mid v_{ni}+u_{ni}$）的值取决于（β^n，u^2，σ_{vn}^2，σ_{un}^2）。β^n 为环境变量对第 n 个投入松弛变量的贡献。（σ_{un}^2，σ_{vn}^2，u^n）为管理非效率和随机误差对第 n 个投入松弛变量的贡献。定义 $\gamma^n=\sigma_{un}^2/$（$\sigma_u^2+\sigma_v^2$），当 γ^n 趋近于 1，管理因素较显著；当 γ^n 趋近于 0，随机误差较显著。

（3）调整后的投入数据 x_{ni}^A和原始产出数据 y_{ni}再次通过 DEA－BCC 模型计算

效率值。

同时，考虑到传统三阶段 DEA 模型无法区分计算全部同时有效的多个决策单元效率值，本章进一步借助超效率技术，差异化分析高技术产业创新驱动效率的结构变化。

利用超效率技术，可以弥补对模型结果在多个决策单元同时位于前沿面上无法进一步甄别的缺陷。见图 4－1，有效前沿生产面的点是 *AB* 线段和 *BC* 线段所组成的，*D* 点为无效点。由于超效率模型将 *B* 点排除在外，*B* 点在扩张到 *B′* 的过程中是始终有效的，因此 DEA 有效点的有效值则由于可扩张比例不同而进行很好的区分。

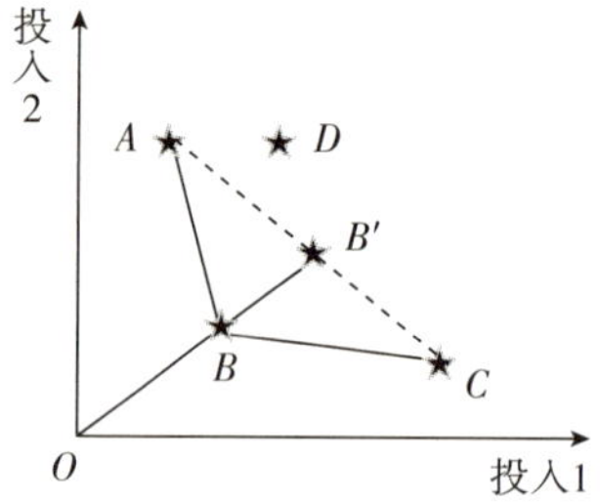

图 4－1　超效率模型

综上，由此得到考虑了环境效应和随机误差等因素的更真实有效的全部效率值，为后文运用回归技术进一步明确高技术产业创新驱动影响的作用机制提供有力的基础。

4.1.2　高技术产业创新驱动效率指标体系构建

根据本书第 2 章界定的创新驱动发展及其效率内涵，科技创新要素投入与由此带来的经济增长规模提高和发展质量提升，创新驱动发展的测度体系主要是基于创新投入、创新活动和创新产出的逻辑框架开展的（刘焕，2015）。基于创新驱动以投入要素促进经济发展的内涵，区别于创新效率指标，对于高技术产业创新驱动投入，主要包括对创新经费、人力等创新驱动资源和创新知识技术要素的整合与分配（吴卫红等，2017）。知识技术要素是进行创新驱动的前奏，主要包括用于科技创新活动的专利。高技术产业创新驱动产出体现的是创新驱动产业发展效果，所以它包括的是综合经济发展情况、创新产品成果（新产品）以及知识扩散等（周柯和唐娟莉，2016）。

同时，本章充分考虑我国高技术产业创新发展的特点，由于政府支持、要素结构差异、市场波动及国际化竞争、知识转移复杂多变等，高技术产业融入众多复杂环境因素影响，加之产业创新资源自身分布的不均衡性，高技术产业发展呈现明显的时空异质性态势。因此，除了传统的投入项和产出项因素外，外生环境变量同样影响着高技术产业创新驱动的动力和条件（侯建和陈恒，2017）。本章模型设计第二阶段正是考虑了外部环境变量，分离管理无效率和随机干扰因素后的投入项可更精确求出效率值。

综上，本书将高技术产业创新驱动发展效率测度体系分为投入指标、产出指标和环境指标三个方面，来描述高技术产业创新驱动在多元环境效益影响下的从投入到产出的配置情况和运作水平的过程优化体系。

4.1.2.1　高技术产业创新驱动投入指标

高技术产业创新驱动的投入指标一方面主要体现在创新资金、研发人力等基础创新资源要素方面。借鉴梁龙武（2016）、吴卫红等（2017）、侯建和陈恒（2017）等现有文献研究，内外部 R&D 经费支出是高技术产业开展技术创新活动、实现创新驱动发展效果的前提条件，属于高技术产业保证其创新驱动成果和市场竞争地位的核心支出。同时，创新驱动并不等同于研发驱动，开放式创新转型驱动下，非研发创新在创新驱动中扮演重要角色，甚至在一些条件下优于自主研发创新，对产业企业创新能力和绩效具有重大影响（Arundel 等，2008；Santamaría 等，2009；Andrés 等，2011）。基于本书第 2 章和第 3 章的理论与数据研究，创新并不等同于研发，事实上，技术创新领域的先导性、战略性产业大多存在多种非研发投入用途，包括技术改造、技术引进、消化吸收、购买国内技术等（谢子远和黄文军，2015；侯建和陈恒，2017）。目前考虑到全国大多数高技术产业企业还存在相当比例的非研发创新活动，本书选择高技术产业技术改造经费、引进技术经费、消化吸收经费和购买国内技术经费的总和来系统地表示非研发投入。由于前期经费投入会对产业当前和未来的创新驱动产生深远效应，本书进行研发经费支出存量和非研发经费支出存量指标计算，即研发资本存量（RDE）和非研发资本存量（NRD）。R&D 人员是创新驱动发展的直接投入要素，R&D 人员全时当量（RDH）体现了产业创新驱动的全过程人力资源投入量。另一方面区别于传统宽泛意义上的创新效率计算，创新驱动除了创新资金和研发人力等基础创新资源要素方面的投入，为充分体现出创新驱动以投入要素促进产业发展的内涵，知识技术要素是进行创新驱动的前奏（吴卫红等，2017），主要包括用于科技创新活动的专利，可以直接驱动产业创新转化增长和经济发展。专利申请数和专利授权数是普遍采用的测量指标。由于各地区高技术产业专利申请数据相对易得、准确、完整，数据统计的不确定因素较小，且较少受到授权审查机构的干扰，更能体现创新驱动要素的真实水平。因此，本书选择高技术产业专利申请量（PAT）作为其创新驱动的知识技术投入要素指标。

4.1.2.2 高技术产业创新驱动产出指标

创新驱动发展的主要目的是利用创新来驱动经济社会发展，它包括经济发展情况、创新产品成果（新产品）以及知识扩散效益等（吴卫红等，2017）。因此，高技术产业创新驱动效率产出指标包括产业生产总值和新产品销售收入。需要说明的是，由于现有统计资料数据统计口径发生多次变动，给数据的计量分析带来诸多不便。2012 年之后《中国高技术产业统计年鉴》不再公布产业生产总值数据。同时，考虑到产业生产总值统计通常与会计的主营业务收入数据相近，由此统计普查较多以企业主营业务收入代替总产值测度。为避免明显偏差，保持统计口径和数据的完整性与一致性，本书选择高技术产业的主营业务收入（MBI）作为代理变量测度产出指标（王长春，2011）。新产品销售收入（NPR）一定程度上反映了产业创新成果的商业实现以及知识扩散效益，作为间接衡量创新驱动发展的产出指标。

4.1.2.3 高技术产业创新驱动环境指标

除了投入项和产出项因素外，外生环境变量同样影响着高技术产业创新驱动发展的动力和条件。考虑了外部环境变量，分离管理无效率和随机干扰因素后的投入项可更精确求效率值。基于高技术产业创新活动实际特点和文献研究，同时结合计量方法逐一测算验证环境因素模型显著性和拟合度，最后在基于统计上和经济意义上均更符合实际性要求，由此本书选取五个影响驱动投入配置的基本因素。

（1）政府支持（GOV）。

地方政府可以为产业创新发展提供良好的市场环境以及资金保障、优惠政策，引导和促进产业创新。然而，较多学者也指出政府研发资助对企业创新的影响不显著甚至产生负面影响（Guan 和 Chen，2010），造成无效率结果的可能原因是约束机制不健全以及政府研发资助对企业研发产生的“挤出效应”（Wallsten，2000）。鉴于高技术产业创新驱动角度，本书选择高技术产业 R&D 经费支出中政府资金比重的滞后一期表示政府科研资助。

（2）市场竞争（MAR）。

市场竞争与创新的关系没有一致的结论，但学者普遍认为市场竞争产生一定影响，是产业企业技术创新的重要环境因素。学者们通常认为随着地区高技术企业数量的增加、竞争加剧，企业现有技术及产品的边际收益递减，且强化了企业的危机意识，从而实现创新效率的不断提高。考虑到市场竞争主要构成和数据可获得性，本书借鉴肖仁桥等（2012）、徐建中和曲小瑜（2015）的做法，用企业数代表地区产业的竞争程度，反映市场竞争情况。

（3）外资结构（FOR）。

随着市场不断深化开放，利用外资是发展中国家增强创新能力的一个重要途径，不同的外资结构对东道国创新发展产生较大差异影响。外资引进通常会对一国或区域技术创新产生外溢效应，提高了东道国的创新生产效率。然而也有学者指出外资引进是一把双刃剑，对不同指标衡量的创新产出具有不同的效应，影响作用程度也有限（曾诗鸿等，2014）。由于并不能直接获得高技术产业的外商直接投资额数据，本书采用高技术产业加总的港澳台资企业固定资产值和外资企业固定资产值占产业固定资产总值的比重来表示（徐建中和曲小瑜，2015；曾诗鸿等，2014）。

（4）要素禀赋结构（END）。

企业所占资本、劳动等生产要素份额的增减显著影响技术效率。一般而言，资本增加的速度比劳动力增加的速度越快，越有利于产业的技术创新效率提高（侯建和陈恒，2018）。本书以高技术产业总资产与年平均从业人数之比表示。

（5）行业出口导向度（EXP）。

国际贸易现是企业知识流通的主要方式之一，目前已有大量实证研究将出口额作为影响产业创新发展的重要指标之一。一般认为，出口交易能够促进国内外的知识转移，有利于创新绩效的提高（Tavassoli，2015），尤其是在技术创新活跃的产业中（Guan 和 Chen，2010）。而目前中国开放的经济体系下更是注重进出口贸易的情况，结合知识产权保护国际化背景下的“知识产权壁垒”和“专利海盗”形势，出口导向度体现了高技术产业与国际标准接轨的程度，成为促进创新发展的重要影响因素（侯建和陈恒，2016）。因此，采用平减后对高技术产业出口交货值计算表示。

4.1.2.4 指标体系的确立

在以上相关研究基础上，通过指标体系构建与分析，结合高技术产业创新驱动内涵，创新驱动特性、所选取的指标的可获得性和可测度性，以及因素测度模型在统计上和经济意义上均更符合实际性要求，最终确立构建的高技术产业创新驱动测度体系，为进一步计算效率值奠定了基础。在本书构建的高技术产业创新驱动效率评价指标体系中，见图 4－2，目标层是高技术产业创新驱动效率；准则层是投入指标、产出指标和环境指标；指标层是能够反映相关准则层的量化指标，分别为 R&D 资本存量、非 R&D 资本存量、R&D 人员全时当量、专利申请量、主营业务收入、新产品销售收入、政府支持、市场竞争、外资结构、要素禀赋结构和行业出口导向度。本书构建的评价指标体系符合科学性、系统性、可比性及可操作性等构建原则，为有效地、系统地测度高技术产业创新驱动发展效率提供了有力的关键指标体系。

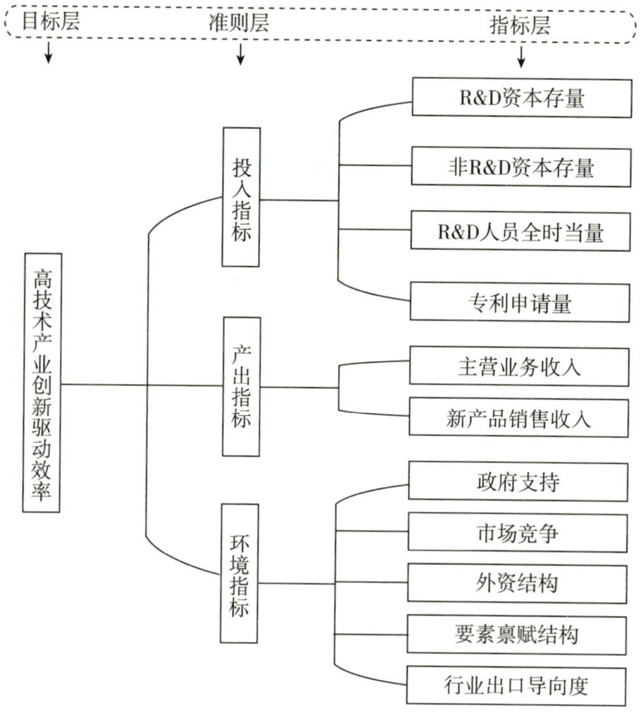

图4-2 高技术产业创新驱动效率评价指标体系

4.1.3 数据来源与处理

本章选取我国29个省份2009~2015年高技术产业省际面板数据为样本（不包括港澳台地区和西藏、青海），对高技术产业的创新驱动效率进行实证研究，原始数据来源于2010~2016年《中国统计年鉴》《中国科技统计年鉴》《中国高技术产业统计年鉴》以及EPS全球统计数据/分析平台。对个别缺失数据采用相邻数据填充或相邻两个数据平均填充的方式进行了有效的填充。研究对象和数据获取方面，由于公开统计资料的统计指标变动，缺乏2009年以前环境变量中指标涉及的产业总资产数据、登记类型企业（外资）分类数据和政府资金来源数据，加之基期数据处理的时滞效应、全部指标统计口径一致性和数据可获得性，研究范围从2008~2009年延伸至2014~2015年，以确保实证结果的有效性和时效性。此外，一方面由创新驱动投入转化为最终创新发展过程具有一定时滞性，因此需要对数据进行滞后处理。本书选取一年滞后期，创新驱动投入数据选择2008~2014年，产出数据选择 2009～2015 年。另一方面创新驱动发展过程中前期创新投入残值会继续发生作用，流量指标会忽视前面各期残值贡献。高技术产业创新驱动投入经费相关指标（R&D 经费支出和非 R&D 经费支出）应采用存量指标，而不是流量指标，因此本书以永续盘存法（PIM）进行存量计算。

以 R&D 资本存量为例，R&D 经费支出用 t 期研发资本存量表示，即所有前期研发投入现值与 $t-1$ 期研发资本存量现值之和。鉴于研发投入滞后结构复杂，通常取平均滞后期 ξ，假定平均滞后期 $\xi=1$，则

$$C_t = K_t + (1-\delta)C_{t-1} \tag{4-9}$$

C_t 代表 t 期研发资本存量，K 为研发经费支出，δ 为研发指标存量折旧率，设定为 15%（侯建和陈恒，2017）。关于基年研发指标存量 C_0 的确定，假定研发指标存量平均增长率等于研发投入平均增长率，即 $(C_t - C_{t-1})/C_{t-1} = (K_t - K_{t-1})/K_{t-1} = g$。进一步，当 $t=1$ 时，$C_1 = (1+g)C_0$，由式(4-9)可知 $C_1 = K_0 + (1-\delta)C_0$。通过合并计算可得：

$$C_0 = K_0/(g+\delta) \tag{4-10}$$

为消除价格效应影响，对 R&D 经费支出采用“研发价格指数”（居民消费价格指数 ×0.55 + 固定资产投资价格指数 ×0.45）进行平减后计算，对主营业务收入和新产品销售收入利用各地区工业品出厂价格指数进行平减，产业总资产用相应的各地区固定资产价格指数进行平减，非 R&D 经费支出和出口交货值用相应的 GDP 价格指数平减，均折算成 2009 年为基期的实际值。综上，表 4－1 给出了样本各变量定义说明。

表 4－1　高技术产业创新驱动效率各变量描述

变量名称	变量代码	测算定义
R&D 资本存量	RDE	永续盘存法计算的高技术产业加总的研发经费存量（肖仁桥等，2012）
非 R&D 资本存量	NRD	永续盘存法计算的高技术产业加总的非研发经费存量（Chen 和 Hou，2018）
R&D 人员全时当量	RDH	高技术产业 R&D 人员全时当量（肖仁桥等，2012）

续表

变量名称	变量代码	测算定义
专利申请量	PAT	高技术产业专利申请量（陈一恋，2015）
主营业务收入	MBI	高技术产业主营业务收入（王长春，2011）
新产品销售收入	NPR	高技术产业新产品销售收入（肖仁桥等，2012）
政府支持	GOV	高技术产业 R&D 经费支出中政府资金比重（白俊红和蒋伏心，2011）
市场竞争	MAR	高技术产业企业数（侯建和陈恒，2017）
外资结构	FOR	高技术产业加总的港澳台资企业固定资产值和外资企业固定资产值占产业固定资产总值的比重（徐建中和曲小瑜，2015）
要素禀赋结构	END	高技术产业总资产与年平均从业人数之比（侯建和陈恒，2018）
行业出口导向度	EXP	高技术产业出口交货值（侯建和陈恒，2016）

4.2 原始投入产出数据的高技术产业创新驱动效率分析

在不考虑处理环境变量与随机误差前提下，本书首先运用 DEAP 2.1 软件，以投入与产出变量（不包含环境因素）为基础对我国 29 个省份 2009 ~ 2015 年高技术产业创新驱动效率进行初步计算（见表 4 - 2）。其中，TE 为综合技术效率值，PTE 为纯技术效率值，SE 为规模效率值。

表 4 - 2 2009 ~ 2015 年高技术产业创新驱动效率值及其分解

地区	综合技术效率	纯技术效率	规模效率
北京	0.936	0.937	0.999
天津	0.915	0.953	0.954
河北	0.510	0.717	0.722

续表

地区	综合技术效率	纯技术效率	规模效率
山西	0.935	0.970	0.962
内蒙古	1.000	1.000	1.000
辽宁	0.519	0.634	0.845
吉林	0.809	0.966	0.840
黑龙江	0.223	0.239	0.943
上海	0.664	0.977	0.676
江苏	0.760	1.000	0.760
浙江	0.379	0.411	0.925
安徽	0.579	0.638	0.898
福建	0.678	0.729	0.916
江西	0.639	0.823	0.780
山东	0.667	0.945	0.705
河南	0.707	0.911	0.768
湖北	0.611	0.706	0.864
湖南	0.647	0.723	0.908
广东	0.823	1.000	0.823
广西	0.764	0.832	0.919
海南	0.340	0.586	0.522
重庆	0.971	0.976	0.995
四川	0.625	0.764	0.811
贵州	0.325	0.341	0.946
云南	0.458	0.544	0.839
陕西	0.283	0.332	0.829
甘肃	0.323	0.503	0.649
宁夏	0.500	0.823	0.592
新疆	0.694	1.000	0.694
东部	0.667	0.826	0.800
中部	0.686	0.795	0.863
西部	0.594	0.711	0.827
东北	0.517	0.613	0.876
全国	0.631	0.758	0.830

总体上，我国高技术产业创新驱动效率在2009~2015年间，调整前的综合效率呈现一定程度上的较低水平，全国平均综合技术效率为0.631，绝大多数地区的创新驱动发展效率值处于效率前沿面之下，短时间内加大产业企业创新驱动投入成本并不能充分有效发挥驱动效应，存在较大驱动发展空间。而其中纯技术效率均值为0.758，规模效率均值为0.830，传统DEA-BCC测度表明2009~2015年整个产业的规模效率提升是高技术产业创新驱动效率提高的主要原因，而纯技术效率不高导致高技术产业创新驱动效率较低。具体到各个省份，意外的是，北京、上海、天津、广东等东部沿海省份综合效率平均水平都处于效率前沿面之下，尤其是浙江技术效率水平明显较低。从分区域比较来看，中部地区的技术效率最高，东部其次，西部和东北地区最低，一定程度上并不符合区域经济发展格局差距分布。东部地区纯技术效率高于规模效率，技术进步驱动实力强劲，而其他三大地区纯技术效率均小于规模效率，纯技术效率损失亦是其技术效率较低的主要原因。

需要说明的是，初步测算结果出现了产业创新驱动效率水平与经济发展程度不完全一致的情况，经济发展相对落后的内蒙古、新疆等省份效率较高，而浙江创新驱动效率只有0.379，甚至低于宁夏、新疆等省份。这说明了一定程度上提升创新效率并不存在显著经济意义，与现实创新与经济发展并不相符（白俊红和蒋伏心，2011）。考虑到经济水平也是开展创新活动和提高创新效率的基础，同时各地区高技术产业创新发展由于存在政府资源配置合理性、要素禀赋结构差异、市场波动及国际化竞争及知识转移复杂多变等众多复杂环境因素影响，加之地区产业创新资源自身分布的不均衡性和时空异质性态势，而原始投入产出数据的传统DEA-BCC模型测度并没有考虑这些内外环境因素差异。基于此，初步测算结果没有处理环境和随机误差因素影响实际水平的偏差，需进一步地调整并重新测算。

4.3 SFA因素分解分析与调整

根据上文所述以决策单元投入变量的松弛变量为被解释变量，首次创新性加入以政府支持、市场竞争、外商投资、要素禀赋结构和行业出口导向度等环境因素指标构建 SFA 模型（逐一测算验证环境因素模型显著性和拟合度），通过 Frontier 4. 1 软件检验分析与调整修正。从表 4 – 3 结果来看，各投入松弛变量 SFA 模型的 sigma – squared、gamma 值均通过了 1% 水平上的显著性检验，采用的模型及变量设定是合理的，而且存在非效率情况，受到管理误差和随机误差的显著影响，且环境因素对高技术产业创新驱动效率的影响要比随机误差更为重要。LR 左单边检验（LR test of one – sided error）也均通过了显著性检验，表明用随机前沿方法分离无效率项是合理的。总体上，从方法上表明对高技术产业创新驱动效率差异进行环境效应和随机误差控制是非常必要的。

表 4 – 3　第二阶段 SFA 测算结果

	RDE 松弛变量	NRD 松弛变量	RDH 松弛变量	PAT 松弛变量
常数项	– 930586. 090 *** (8. 083)	– 186190. 260 *** (2. 550)	– 4476. 603 *** (995. 655)	– 1433. 591 *** (265. 033)
GOV	83923. 750 *** (1. 422)	5470. 321 *** (1. 002)	349. 170 (422. 082)	129. 104 (122. 465)
MAR	713. 203 *** (85. 028)	119. 606 *** (34. 461)	3. 486 *** (0. 856)	1. 058 *** (0. 216)
FOR	2044553. 700 *** (3. 185)	234779. 970 *** (1. 099)	3981. 363 ** (1548. 124)	1599. 654 * (852. 468)
END	7381. 761 *** (748. 952)	837. 881 *** (248. 926)	33. 409 *** (8. 198)	12. 303 *** (2. 376)
EXP	– 0. 043 *** (0. 004)	– 0. 007 *** (0. 002)	– 1. 844E – 04 *** (0. 000)	– 5. 875E – 05 *** (0. 000)
sigma – squared	4. 931E + 11 *** (1. 000)	8. 610E + 10 *** (1. 000)	45986651 *** (1. 002)	1766134. 600 *** (1. 436)
gamma	0. 344 *** (0. 058)	0. 742 *** (0. 027)	0. 733 *** (0. 027)	0. 366 *** (0. 064)
Log – likelihood function	– 2991. 506	– 2733. 355	– 1982. 651	– 1718. 769
LR test of one – sided error	12. 395 **	96. 192 ***	84. 069 ***	17. 132 ***

注：括号内为标准误差，* 表示在 10% 水平上显著，** 表示在 5% 水平上显著，*** 表示在 1% 水平上显著。

从估计参数来看，环境变量影响系数绝大多数通过显著性检验，说明外部环境效应对投入冗余存在显著影响。各环境要素对决策单元的影响也存在差异。表4－3中，政府支持（GOV）对创新驱动投入的松弛变量影响为正，反映政府行为一定程度上损害了创新驱动投入资源的有效配置。政府对高技术产业创新经费投入结构与管理干预超出其本身接受和运用能力导致创新资源浪费，以及多种行政方式重叠与实践性差，进一步损害了其创新驱动效率提升效益。市场竞争（MAR）对创新驱动投入松弛变量均产生显著的正向作用，表明随着高技术产业中市场竞争的加剧，会增加创新驱动在经费、人员基础资源配置和知识成果运用上的浪费。市场竞争越激烈，会导致产业企业现有技术或者产品无法满足企业技术创新要求，企业在加大技术投入成本的同时会面临缺乏足够能力管理配置资本问题。从反方面也说明了适度集中和垄断的市场结构能够优化企业的创新驱动投入配置，高市场集中度使得创新资源较为集中，符合高技术产业高创新投入特点，也有效推动了自主知识产权发展，有利于专利保护，进而改善创新驱动效率。外资结构（FOR）对创新驱动投入松弛均呈现显著的正向影响，表明目前外资的引进结构状况并没有有效促进高技术产业企业对创新驱动投入资源的充分利用和有效配置，随着外资企业的不断涌入，加剧了东道国的市场竞争激烈程度，正如前文所述进而不利于创新驱动资源配置。而且外资转移结构偏重造成的专利围墙和挤出效应（曾诗鸿等，2014），会促使东道国众多企业把创新资源更多地投入到业绩的短期改善而非有效创新驱动活动上，尤其是给知识技术密集的高技术产业创新驱动带来了前所未有的压力。要素禀赋结构（END）对创新驱动投入的松弛变量有显著正相关影响，一般而言，资本增加的速度比劳动力增加的速度越快，产业的技术创新效率越高，这显然不符合高技术产业创新驱动转型的特点，表明高技术产业劳动与资本转化结构还存在一定程度的不合理比例，传统的资本要素相应地冗余浪费过剩也会随之增多，资本密集的驱动需要控制合理程度，提高创新型资本深化效率。而行业出口导向度（EXP）对创新驱动投入松弛均呈现显著负向影响，表明现阶段中高技术产业的出口导向有利于推动创新驱动资源的有效配置，出口贸易可以通过学习、规模及竞争效应推动全要素生产率改进，进而在其知识技术和研发经费管理体系配置上逐步改善、带动创新驱动资源的有效利用，也符合近年来高技术产业不断加大重视出口贸易战略的实际情况。

上述结果表明，环境因素和随机误差对高技术产业创新驱动效率的影响并不一致。为避免不同的环境决策单元效率估计偏差，采取 SFA 分析调整是很有必要的，需要对投入变量进行调整，以控制环境因素和随机误差的影响，使各决策单元处于相同环境下，进而准确反映决策单元的实际效率水平。

4.4 调整后高技术产业创新驱动效率测度结果及来源分解分析

基于 SFA 因素分解分析与调整结果，将经过 SFA 模型调整后投入量与原始产出量重新运用 DEAP 2.1 软件和 Maxdea 6.8 软件进行效率区分测度，分别以时间和空间两个角度全面计算了处理环境因素和随机误差影响的 2009 ~ 2015 年高技术产业创新驱动效率值及其分解。

4.4.1 时间纵向变化特征

由表 4 - 4 和图 4 - 3 结果可知，调整后 2009 ~ 2015 年高技术产业创新驱动效率呈现一定程度的增长改进趋势，且各时期基本保持了较为稳定的一致变化。2009 ~ 2010 年高技术产业创新驱动超效率出现略微降低，而综合技术效率仍然保持增长态势。以 2010 年为分界点，2010 年以后超效率和综合效率基本都保持了稳定改进变化，表明这时期创新驱动发展绩效从总体上呈现良好提升态势。从各段创新驱动效率的比较来看，这时期超效率、综合技术效率及规模效率均保持了相同增长演变，尤其是此阶段超效率除了在 2009 ~ 2010 年、2014 ~ 2015 年出现略微下降外均保持良好的上升态势，增幅最大达到 18% 左右（2012 ~ 2013），国家在 2012 年明确了创新驱动的战略支撑和全局发展的核心位置，强劲推动实施创新驱动发展战略，进行了一系列创新驱动环境导向和政策机制改善，高技术产业作为落实创新驱动发展的关键一环，此阶段产业的综合技术创新驱动能力以及管理效率方面持续改善。而纯技术效率基本保持了稳定，且出现较小幅度的降低，表明这时期的技术投入结构调整波动并不大。

表 4 -4　调整后 2009 ~ 2015 年高技术产业创新驱动效率值及其分解

时间	超效率	综合技术效率	纯技术效率	规模效率
2009	0.409	0.326	0.994	0.327
2010	0.392	0.337	0.998	0.337
2011	0.427	0.365	0.997	0.365
2012	0.452	0.386	0.997	0.387
2013	0.532	0.453	0.992	0.458
2014	0.541	0.479	0.988	0.486
2015	0.538	0.488	0.983	0.498
平均	0.470	0.405	0.993	0.408

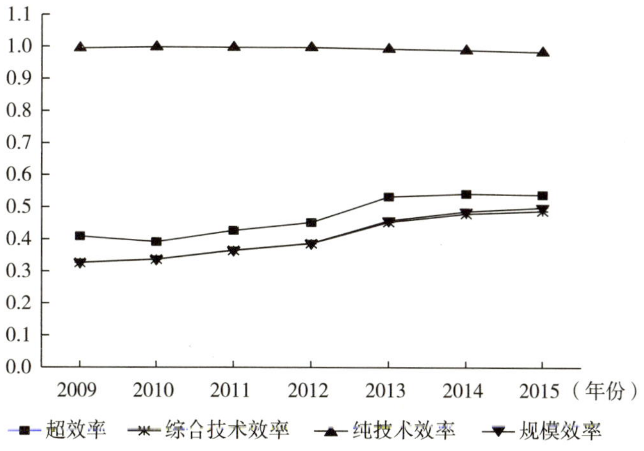

图 4 -3　调整后高技术产业创新驱动效率时序变化

进一步，从技术效率指数分解的纯技术效率指数和规模效率指数探究增长结构来源。总体上纯技术效率远高于规模效率，说明我国各地区高技术产业的创新驱动发展成效在纯技术效率改进上显著优于其规模效率。2009 ~ 2015 年纯技术效率与规模效率两者时间变化趋势也存在明显差异。纯技术效率 2009 ~ 2015 年保持了较高水平的改进，但在2011年、2013年和2015年三个时间点均出现了下降，尽管并没有对技术效率变化在此时期内造成下滑影响，从实际情况来看，高技术产业仍然需要注意调整和避免在既定创新驱动资源投入下的发展能力较以往不足，以及创新管理水平出现差异波动。创新驱动生产方式和转化进一步向更科学化、节约化以及持续化发展。规模效率在2009年以来一直保持上升态势，高技术产业整体处于规模持续改进状态，但并没有达到有效状态，创新驱动规模效应不足抑制了创新驱动效率的提高。

总体上，2009～2015年高技术产业的创新驱动效率全国平均水平为0.470，高技术产业创新驱动整体效率还处于较低水平，产业创新结构和投入产出综合效益不足，短时间内创新驱动效应发挥还不明显，资源投入成本、技术管理和规模改善均需要一定时间的发展余地。其中纯技术效率水平为0.993，规模效率为0.408，高效的技术改革及产业创新驱动发展战略和管理水平强劲推动了高技术产业创新驱动效率增长，但长远来看，只有加大高技术产业技术创新驱动规模效益才能促进未来企业创新驱动持续发展。同时，具体来看，2015年绩效发展状态最具实际指导意义。这时期纯技术效率相对降低，规模效率持续增长，且超越前期的拉动作用状态，未来改善高技术产业创新驱动的技术效率，在保持技术改进领先地位的同时仍需要重点提升各地区的规模效率，存在很大的改善空间。

4.4.2 空间横向异质比较

调整后的我国各地区高技术产业的创新驱动效率水平呈现明显空间差异。从表4－5和图4－4的结果来看，全国有超过60%左右省域的驱动效率达不到平均水平，且不同地区之间的创新驱动发展水平差距较大，驱动效率值最大的达到了前沿面，而最小值只有0.007，远未达到前沿面。东部地区、中部地区、西部地区和东北地区的创新驱动效率差异比较显著，东部地区最高，中部地区其次，随后是东北地区，西部地区最低，与东部地区差距明显。这也更符合客观实际。投入调整后，高技术产业的创新驱动效率全国平均水平与调整前相比，超效率综合结果、规模效率水平出现降低，而纯技术效率水平明显提高，控制环境因素和随机误差显著影响结论的稳定性。相比调整前规模效率是综合技术效率提升的主要因素，调整后注重技术改进与管理完善的纯技术效率成为其主要原因，推动创新驱动发展的技术进步与管理变革是推动创新驱动效率提高的关键。同时，调整后经济发达地区的高技术产业创新驱动效率显著提高，在一定程度上表明，控制了环境因素后，更进一步符合经济理论支撑和实际情况。

表 4－5　调整后 2009～2015 年地区高技术产业创新驱动效率值及其分解

地区	超效率	综合技术效率	纯技术效率	规模效率	综合排序
北京	1.038	0.897	1.000	0.897	3
天津	0.777	0.774	0.996	0.778	6
河北	0.275	0.275	0.997	0.276	17
山西	0.145	0.145	0.999	0.145	21
内蒙古	0.082	0.082	1.000	0.082	24
辽宁	0.397	0.397	0.993	0.400	12
吉林	0.271	0.271	1.000	0.271	18
黑龙江	0.101	0.101	0.989	0.102	22
上海	0.930	0.929	0.996	0.933	4
江苏	1.714	1.000	1.000	1.000	2
浙江	0.654	0.654	0.937	0.709	8
安徽	0.326	0.326	0.996	0.327	16
福建	0.560	0.560	0.980	0.571	10
江西	0.356	0.356	0.996	0.358	15
山东	0.886	0.886	1.000	0.886	5
河南	0.708	0.631	0.999	0.631	7
湖北	0.393	0.393	0.991	0.397	13
湖南	0.386	0.386	0.990	0.392	14
广东	1.954	1.000	1.000	1.000	1
广西	0.195	0.195	0.996	0.196	20
海南	0.029	0.029	0.995	0.029	27
重庆	0.445	0.445	0.997	0.446	11
四川	0.565	0.565	0.984	0.575	9

续表

地区	超效率	综合技术效率	纯技术效率	规模效率	综合排序
贵州	0.100	0.100	0.984	0.102	23
云南	0.064	0.064	0.996	0.064	25
陕西	0.221	0.221	0.991	0.223	19
甘肃	0.029	0.029	0.992	0.029	26
宁夏	0.016	0.016	0.995	0.016	28
新疆	0.007	0.007	1.000	0.007	29
东部	0.882	0.701	0.990	0.708	1
中部	0.386	0.373	0.995	0.375	2
西部	0.173	0.173	0.993	0.174	4
东北	0.256	0.256	0.994	0.258	3
平均	0.470	0.405	0.993	0.408	—

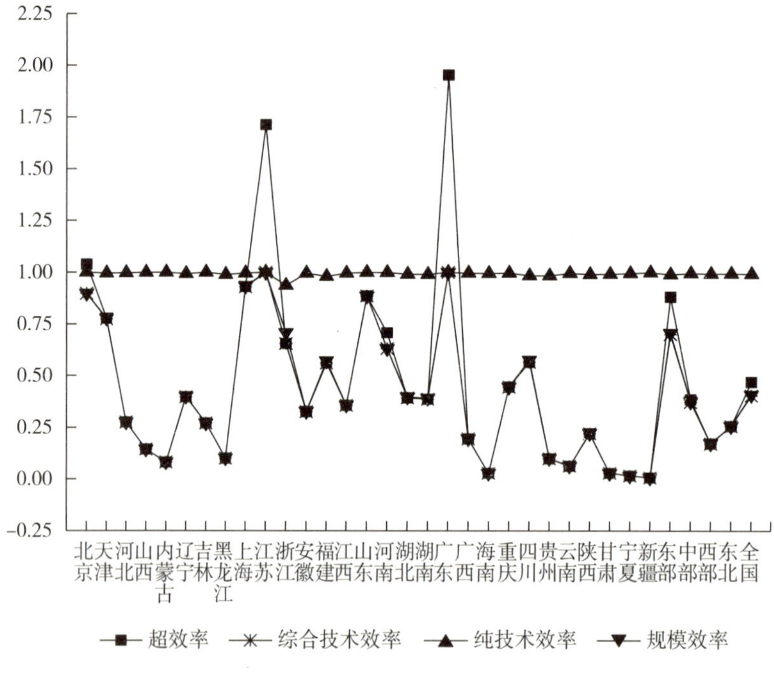

图 4-4 调整后高技术产业创新驱动效率空间变化

从省际层面上分析，高技术产业创新驱动效率排名最高的6个省份分别是广东、江苏、北京、上海、山东及天津，这表明雄厚的知识技术积累、管理体系、研发基础、资金水平和经济实力为区域创新驱动发展奠定了坚实基础，有益于创新驱动效率的提高。而排名最低的5个省份分别是云南、甘肃、海南、宁夏及新疆。由于高技术产业资源东西部分布不均，中西部受到地理位置、资金、人才、经济环境等因素影响，产业技术基础差，创新要素限制多，技术创新能力较弱，创新驱动效率低，亟待进行产业创新驱动结构转型。

在考虑环境效应和随机误差影响后产业基础雄厚的东部沿海地区如北京、上海、广东、江苏和浙江等省份显著提高，相比调整前被明显低估，更接近实际情况。其中，北京纯技术效率由0.937提高到1.000，进而推动全要素效率增长到1.038，表明北京由于受环境因素和随机误差的影响导致创新驱动效率被低估了。相反，中西部多数地区调整后效率值出现降低，相比调整前被明显高估。其中，山西高技术产业规模效率由0.962降低到0.145，进而导致全要素效率降低到0.145，表明山西由于受环境因素和随机误差的影响导致创新驱动效率被高估了，类似的还有内蒙古、吉林、广西、海南、云南、甘肃、宁夏以及新疆等。调整后综合技术效率受到规模效应大幅度提高的影响，其测度值从调整前的偏低变为调整后的较高。以宁夏、新疆为代表的西部地区降低最为显著，受到技术与管理变革大幅度降低的影响，其测度值从调整前的偏高变为调整后的偏低。一定程度说明了调整前创新驱动效率与其实际发展状态还有较大差距。北京、天津、上海、江苏、浙江、福建、山东、河南、广东和四川调整后的超效率综合技术效率均达到全国平均水平以上。其中调整后纯技术水平均发生了不同程度改善，而规模效率则存在北京、天津、浙江、福建、河南和四川出现退步。各地区高技术产业创新驱动效率增长主要来源于纯技术效率进步，技术变革与管理效率得到不断提高，而其水平保持较低的主要来源为创新规模不足和低下，创新驱动效应需要在当地政府和产业进行围绕扩大创新生产规模导向下的共同努力。

2015年的绩效状态最具实际指导意义。广东、江苏和河南技术效率均保持为有效；其次是山东、上海、天津、浙江、重庆和北京等省份基本靠近有效性，继续改善的空间较小；其余各地区在0.75状态以下。各地区无效性均是由创新规模无效性引起的，在2015年期间达到有效性或靠近有效状态的地区还较少，大部分地区都还有40%～50%以上改善空间。因此，改善高技术产业创新驱动技术效率的重点是提升各地区的规模效率，且中西部地区较为突出。

4.5 调整前后对比

基于表4－2和表4－4，我们可以看到调整前后的高技术产业创新驱动超效率综合水平存在明显的差异。传统DEA－BCC模型效率分析会导致错误的结论。

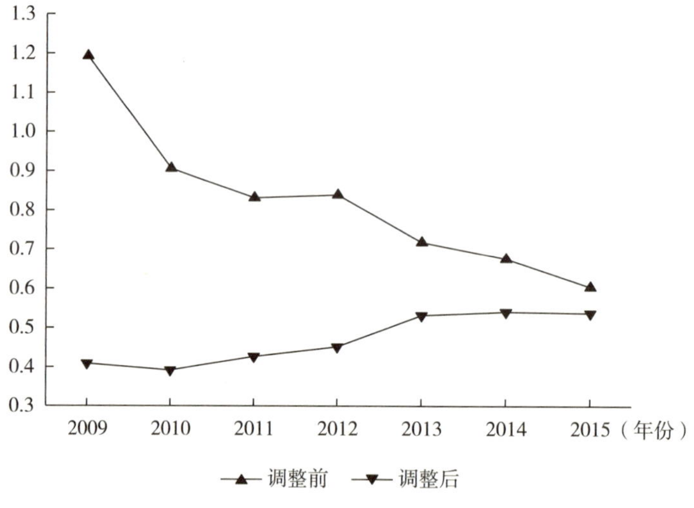

图4－5 调整前后高技术产业创新驱动效率时间变化

图4－5表明，动态变化视角，2009～2015年调整前效率综合水平都高估了高技术产业创新驱动发展水平，其中，2009年由调整前的1.193变为调整后的0.409，差距最为明显，表明2009年调整前传统DEA－BCC模型对创新驱动效率高估程度更为严重。此后，随着调整前超效率综合水平不断降低，而调整后超效率综合水平不断提高，至2015年，由调整前的0.604变为调整后的0.538，调整

前后差距逐渐减小，接近于经济现实。

图4-6表明，横向差异视角，超效率综合水平2009~2015年各地区调整前后亦存在明显差异。多数地区调整前传统DEA-BCC模型的创新驱动效率被高估，且被高估程度较大的省份有内蒙古、河南、重庆和新疆等，而上海、江苏、浙江、山东、广东等省份被低估。总体上，全国平均水平由调整前的0.824变为调整后的0.470。其中，东部地区超效率平均水平由0.800变为0.882，中部地区超效率平均水平由0.819变为0.386，东北地区超效率平均水平由0.520变为0.256，区域间调整前后变化差距最大的为西部地区，由调整前的0.942变为调整后的0.173，也表明了西部地区综合技术效率受环境影响较大，被高估程度较高，与实际情况不符。同时，调整前地区间异质性情况较为严重，超效率指数波动幅度较大，而调整后结果也存在一定程度波动，但幅度相对降低。

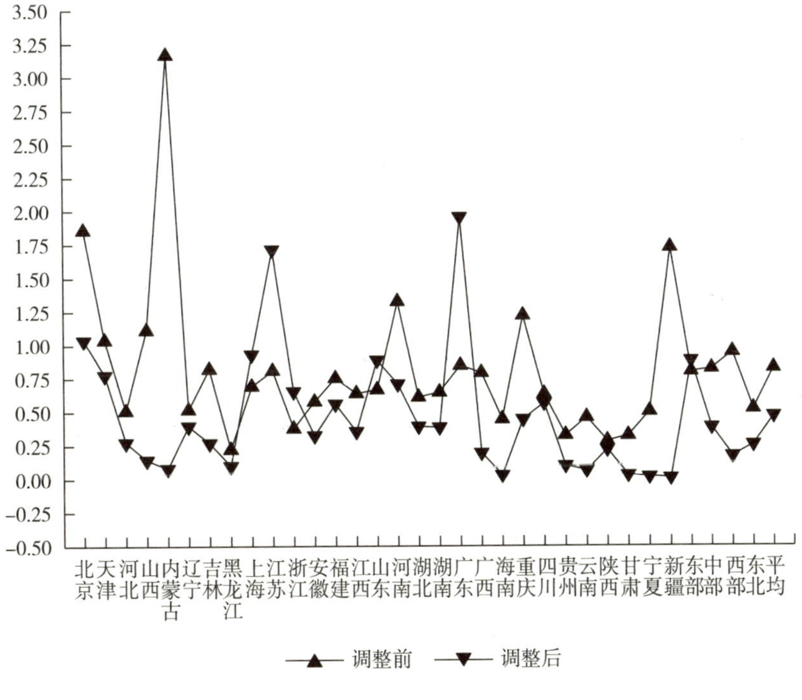

图4-6 调整前后高技术产业创新驱动效率横向比较

此外，调整前后不同环境效应因素对高技术产业创新驱动投入产出效率的影响存在较大差异，不同环境变量对不同创新驱动投入冗余影响具有显著的不同效应。因此，没有考虑处理环境影响的效率测度造成一定程度的高技术产业决策单元评价偏离，即处于较好环境决策单元的效率值和处于较差环境决策单元的效率值的表现波动较大，受此影响，调整前处于经济创新基础薄弱地区效率值表现偏高，处于具有雄厚知识技术积累基础的创新驱动活跃地区效率值表现偏低。通过控制环境效应和随机误差使得各个决策单元处于相同的环境和自然状态，调整后测算结果更符合经济现实，其结论也更为可靠，更为真实、有效地反映高技术产业创新驱动效率水平。

4.6 本章小结

本章首先进行高技术产业创新驱动效率研究设计，在有效设定高技术产业驱动效率综合测度模型和科学构建其创新驱动效率测度指标体系基础上，运用2009~2015年高技术产业省际数据，首次纳入高技术产业创新驱动的环境效应和随机误差考虑，利用SFA模型进行分解修正调整样本投入的偏移量，在此基础上结合超效率技术改进，更为有效、真实地反映高技术产业创新驱动效率水平及其时空异质和来源体系配置特征。实证结果表明：①考虑处理环境效应和随机误差的高技术产业创新驱动效率出现显著变化，环境因素影响造成明显偏差；②总体上，2009~2015年高技术产业的创新驱动整体效率还处于较低水平，存在较大发展空间；③纯技术效率改进显著优于规模效率，是其创新驱动发展绩效提升的主要动力来源；④高技术产业创新驱动效率时间上呈现一定程度的增长上升趋势，且各时期基本保持了较为稳定的一致变化；⑤空间差异显著，高技术产业创新驱动效率排名最高的6个省份分别是广东、江苏、北京、上海、山东及天津，而排名最低的5个省份分别是云南、甘肃、海南、宁夏及新疆。东部地区显著高于中部地区和东北地区，而西部地区最低，亟待进行产业创新驱动结构转型。

第 5 章　创新路径对高技术产业创新驱动效率的驱动作用实证研究

根据第 2 章创新路径对高技术产业创新驱动效率影响的概念模型与理论框架，通过第 3 章系统分析的创新路径和第 4 章有效测度的创新驱动效率，本章基于前文整体创新路径驱动系统结构和关系理论，从线性驱动效应及其协同交互驱动效应两个方面展开创新路径对高技术产业创新驱动效率的驱动作用效应实证研究。

在创新驱动发展转型中，作为最大的发展中国家，中国近年来通过大力推进创新驱动发展下的自主创新和内部研发战略，内部研发与知识技术基础逐步发展，尤其研发人员和资金投入、专利产出及高技术企业数量等均显著增长（Fan，2014）。但是，事实上，相比较技术外取，根据发展中国家要素禀赋结构、发展阶段、产业特征、创新资源禀赋条件等经验，自主研发投入增加到创新效率提升之间的作用系统可能更复杂，作用过程更绵长，其作用方向和大小都更具不确定性。而开放式创新影响下，外部知识源化和非研发创新逐渐成为创新驱动发展的重要影响因素和创新路径，但长期被忽视。相比传统的自主研发创新、内部研发等，开放式创新条件下寻求外部知识源化，重视非研发创新途径，视角较新、文献较少，实证机理研究微乎甚微。对于探索和构建有效的创新发展提升路径体系，有效实现创新发展绩效及效率体系及配置最优化，究竟自主研发、外部知识源化和非研发创新对高技术产业创新驱动效率产生了怎样的影响？哪种创新路径才是最有效的？高技术产业如何从整体上充分识别和正确选择自主研发和外部知识源化和非研发创新这三种创新路径？

与已有研究相比，本章首次将自主研发、外部知识源化、非研发创新三种创新路径和创新驱动效率纳入统一框架，利用前文测算的高技术产业数据系统探究创新驱动发展战略下寻求自主研发、外部知识源化和非研发创新路径对高技术产业创新驱动效率产生的线性影响和差异，并进一步深入分析自主研发、外部知识源化、非研发创新之间的协同效应，考虑之间的交互溢出影响规律，以期为产业优化创新资源配置、进行创新范式转型探索独特、有效的多样化创新路径。

5.1 模型设定与研究方法

5.1.1 线性驱动模型与协同交互驱动模型构建

5.1.1.1 线性驱动模型构建

创新驱动是构建知识生产函数，将新的生产要素和生产条件重新配置引入生产体系。考虑知识溢出对创新绩效影响，Griliches 将创新产出作为研发投入的函数，即知识生产函数，其基本假设表示为：

$$Y = f(\mathrm{R\&D_{input}}) \tag{5-1}$$

除了研发投入（K），Jaffe 又在影响创新产出的投入要素中加入人员投入因素（L），对知识生产函数做了如下改进：

$$Y = f(\mathrm{K},\ \mathrm{L}) \tag{5-2}$$

本书中，在 Griliches、Jaffe 函数模型基础上进行扩展，将外部知识源化、非研发创新引入创新驱动函数，并采用柯布—道格拉斯形式将创新驱动线性模型的生产函数设定为：

$$Y_{it} = a \times IRD_{it}^{\alpha_1} \times ERD_{it}^{\alpha_2} \times NRD_{it}^{\alpha_3} \times RDH_{it}^{\alpha_4} \times AGG_{it}^{\alpha_5} \times OWN_{it}^{\alpha_6} \times MAR_{it}^{\alpha_7} \times \varepsilon_{it} \tag{5-3}$$

其中，i 表示地区，t 表示年份，a 为常数，α_i（$i=1, 2, \cdots, 6$）为弹性系数，ε_{it}为随机误差项。Y 是高技术产业创新驱动效率，IRD 是自主研发创新，ERD 是外部知识源化，NRD 是非研发创新，RDH 是研发人力投入，AGG 是产业聚集度，OWN 是所有制结构，MAR 是市场环境。基于已有研究（Hong 等，

2016；Guan 和 Chen，2010；侯建等，2018），加之模型估计变量显著性和模型拟合度，在我国高技术产业创新过程中，除了 IRD、ERD 和 NRD 创新经费和人员投入等基础要素外，高技术产业的产业聚集度、所有制结构和市场环境与其创新驱动绩效也存在着密切的联系。企业数量的增加使产业及行业间的合作和竞争程度提高，强化危机意识，促进知识扩散和技术外溢，对创新绩效产生重要影响；不同所有制结构企业面临的不同的技术创新政策和机制环境对其创新驱动效率产生显著异质效应；市场环境越成熟，高技术产业创新效率越高。高技术产业在创新驱动活动中通过自主研发、外部知识源化和非研发的方式所进行的创新活动，是本书关注的重点，由此，基于模型（5－1）、模型（5－2）和模型（5－3），系统地对其线性驱动模型分解细化分析。

针对自主研发、外部知识源化和非研发创新：

$$\ln Y_{it} = \beta + \alpha_1 \ln IRD_{it} + \partial_2 \ln ERD_{it} + \alpha_3 \ln NRD_{it} + \mu_i + \varepsilon_{it} \quad (5-4)$$

其中，β 为常数，其他变量和符号同式（5－3）。

考虑控制因素影响：

$$\ln Y_{it} = \beta + \alpha_1 \ln IRD_{it} + \alpha_2 \ln ERD_{it} + \alpha_3 \ln NRD_{it} + \alpha_4 \ln RDH_{it} + \alpha_5 \ln AGG_{it} + \alpha_6 \ln OWN_{it} + \alpha_7 \ln MAR_{it} + \mu_i + \varepsilon_{it} \quad (5-5)$$

其中，β 为常数，其他变量和符号同式（5－3）。

控制因素和时滞影响：

$$\ln Y_{it} = \beta + \alpha_1 \ln IRD_{it-1} + \alpha_2 \ln ERD_{it-1} + \alpha_3 \ln NRD_{it-1} + \alpha_4 \ln RDH_{it-1} + \alpha_5 \ln AGG_{it} + \alpha_6 \ln OWN_{it} + \alpha_7 \ln MAR_{it} + \mu_i + \varepsilon_{it} \quad (5-6)$$

其中，β 为常数，$t-1$ 为第 t 期的滞后，由于创新驱动相关资本投入与溢出是一个运行和消化吸收的系统过程，因此还需要考虑设置相关变量的滞后项。创新驱动投入要素发挥过程的时滞影响通常设定为一年（侯建和陈恒，2017），其他变量和符号同式（5－3）。

5.1.1.2 协同交互驱动模型构建

以上模型在重点考虑自主研发、外部知识源化和非研发创新三种路径的同时，分析加入控制因素和使用多元滞后模型，进行综合对比分析。此外，考虑到高技术产业创新路径之间的交互协同影响，即加入内部研发、外部知识源化及非研发创新变量相互的乘积，表示单一创新路径的间接引致作用和多种创新路径的协同效应：

$$\ln Y_{it} = \beta + \alpha_1 \ln IRD_{it-1} + \alpha_2 \ln ERD_{it-1} + \alpha_3 \ln NRD_{it-1} + \alpha_4 \ln RDH_{it-1} + \alpha_5 \ln AGG_{it} + \alpha_6 \ln OWN_{it} + \alpha_7 \ln MAR_{it} + \alpha_7 \ln IRD_{it-1} \times \ln ERD_{it-1} + \mu_i + \varepsilon_{it} \quad (5-7)$$

$$\ln Y_{it} = \beta + \alpha_1 \ln IRD_{it-1} + \alpha_2 \ln ERD_{it-1} + \alpha_3 \ln NRD_{it-1} + \alpha_4 \ln RDH_{it-1} + \alpha_5 \ln AGG_{it} + \alpha_5 \ln OWN_{it} + \alpha_7 \ln MAR_{it} + \alpha_7 \ln IRD_{it-1} \times \ln NRD_{it-1} + \mu_i + \varepsilon_{it} \quad (5-8)$$

$$\ln Y_{it} = \beta + \alpha_1 \ln IRD_{it-1} + \alpha_2 \ln ERD_{it-1} + \alpha_3 \ln NRD_{it-1} + \alpha_4 \ln RDH_{it-1} + \alpha_5 \ln AGG_{it} + \alpha_6 \ln OWN_{it} + \alpha_7 \ln MAR_{it} + \alpha_7 \ln ERD_{it-1} \times \ln NRD_{it-1} + \mu_i + \varepsilon_{it} \quad (5-9)$$

5.1.2 方法选择

基于本书构建的创新路径的线性驱动模型与协同交互驱动模型构建模型，分析自主研发、外部知识源化和非研发创新对创新驱动效率的影响效应，探究有效的产业多样化创新路径效应。估计方法上，一方面，相比横截面数据或时间序列数据，面板数据既能有效弥补遗漏指标数据缺陷，亦可以运用科学系统的模型检验避免模型设定偏差，进而使研究更为稳健与可靠；为增强估计稳健有效性，本章从 Griliches、Jaffe 函数模型基础上进行扩展，分别通过基本模型、加入控制因素影响与考虑控制因素和时滞影响进行对比，系统地分解细化分析，以确保模型在经济意义和计量方法上稳健有效。另一方面，面板数据包括固定效应、随机效应和混合 OLS 方法。本书方法思路为：首先，采用 F 检验确定选择混合 OLS 还是固定效应，采用 B－P 检验确定选择混合 OLS 还是随机效应。F 检验和 B－P 检验统计量在统计上显著，整体说明面板数据回归优于混合回归。在此基础上运用 Hausman 检验确定固定效应模型与随机效应。其次，本书在估计过程中进行了序列相关检验、异方差检验以及横截面相关检验等，发现存在截面之间以及组内的相关性，还有截面异方差问题，为保证估计结果的可靠性，采用 Driscoll 和 Kraay（1998）标准误差调整的估计方法再次进行估计。最后，对估计结果进行稳健性检验，对核心解释变量重新测度，进行新的估计验证，以确定研究结论的稳健性。

5.2 变量选择与数据说明

5.2.1 变量设置与处理

在第2章梳理高技术产业创新路径关系基础上，结合第3章和第4章分别测算的高技术产业自主研发、外部知识源化和非研发创新与创新驱动效率数据，基于上文模型设定的创新驱动作用效应函数，本研究所涉及变量如下所述。

（1）被解释变量。

创新驱动效率（Y）。由创新驱动效率内涵，本质上是科技创新要素驱动产业发展的贡献度。实施创新驱动战略，重点在于实现向依靠知识技术要素的创新驱动型发展转变，使科技创新成为经济社会的主要驱动力，推进驱动效率最大化。本书的创新驱动效率指标即本书第4章基于处理环境效应和随机误差与超效率改进的综合测度模型测算结果。

（2）核心解释变量。

自主研发创新（IRD）。产业企业传统的内部自主研发是最重要和最基础的创新路径之一，其规模和强度是衡量创新能力的重要指标，为产业技术创新提供了基础和可能性，直接影响创新驱动效率。由于我国高新技术产业统计核算中研发经费支出不包括引进与购买技术费用，选取研发内部经费支出表示地区自主研发创新。同时，由于公开统计资料中只给出了高技术产业的研发经费流量数据，根据中国高技术产业实际情况，一方面由研发投入转化为最终创新产出具有一定时滞性，另一方面考虑产生作用的并不仅仅是当期研发创新投入，前期研发投入也会影响当期投入情况，因此采用永续盘存法进行存量计算，即内部研发资本存量（Hong等，2016；Cruz－Cázares等，2013）。由于不同地区产业间存在比较差异，进一步使用自主研发创新投入强度来衡量，计算方法为产业企业R&D经费内部支出占其主营业务收入比重（陈恒和侯建，

2017）。

外部知识源化（ERD）。基于知识源化概念（付敬和朱桂龙，2014），外部知识源化战略是企业通过与外部组织合作获得知识与发展新技术的一种方式（Cassiman 和 Veugelers，2006）。外部知识源化主要测度企业为获得相关的技术、知识、设备或创新产品而向其他企业、大学和科研院所等组织边界外部支付的研发费用，也包括合作研发。因此，在考虑比较差异基础上，本书选择高技术产业外部研发经费支出强度来反映外部知识源化程度，同样以存量指标测算，计算方法为产业企业 R&D 经费外部支出占其主营业务收入比重。

非研发创新（NRD）。开放式创新体系下非研发创新是创新驱动的重要影响因素（Santamaría 等，2009）。创新的来源是多样化的，创新并不完全等同于研发，除了内外部研发之外，还存在着很多其他的创新活动，包括各项非研发经费投入（谢子远和黄文军，2015；侯建和陈恒，2017）。基于此，本书选择高技术产业技术改造经费、引进技术经费、消化吸收经费和购买国内技术经费的总和比重来系统地表示非研发创新程度（Chen 和 Hou，2018；侯建和陈恒，2018）。作为投入变量同样采取永续盘存法计算资本存量形式测算，计算方法为产业企业非研发经费支出占其主营业务收入比重。

（3）控制变量。

研发人力（RDH）。与内部研发资本一样，研发人员投入是传统的创新资源要素，通过人力资本效应直接影响创新绩效。本书选择国际上通用的、用于比较科技人力投入的 R&D 人员全时当量指标表示高技术产业研发人力情况。

产业聚集度（AGG）。一般而言，竞争性环境可以给研发活动带来更大的激励，市场集中度越高，越能有效促进创新绩效的提升（肖仁桥等，2012）。已有研究表明（Guan 和 Chen，2010），高技术产业市场竞争程度提高，危机意识增强，促进知识扩散和技术外溢，对创新绩效产生重要影响；同时，企业也可能由于产生竞争恶化而限制了其创新发展。本书采用高技术产业企业个数反映产业聚集程度。

所有制结构（OWN）。在中国经济转型变革中，国有企业与民营、外资企业面临不同创新政策和机制环境，对其创新驱动效率产生显著差异影响（刘伟，

2015)。国有企业存在特定的委托代理关系，其剩余价值的控制权与索取权并不统一的治理结构严重影响创新开发、人员激励和管理设置，而民营和外资企业的创新治理结构相对更为灵活。本书选择高技术产业中国有企业年末固定资产值占产业年末固定资产总值比重来表示。

市场环境（MAR)。技术市场成熟度会对高技术产业技术需求方和供给方形成显著的推动效应（Roper 和 Hewitt - Dundas，2008)。市场环境越完善，越有利于高技术产业的创新效率提升（肖仁桥等，2012)。本书采用技术市场成交额代理测量市场环境因素。

5.2.2 数据描述性分析

本章收集了中国高技术产业 29 个省市面板数据，变量数据来自 2010 ~ 2016 年《中国高技术产业统计年鉴》《中国科技统计年鉴》《中国统计年鉴》和各地区年鉴以及 EPS 全球统计数据/分析平台。数据处理与实证分析均使用 Stata 13.0 完成。由于公开统计资料数据缺失和统计口径变动，高技术产业 2009 年以前的地区外部研发经费支出并没有公布，无法统计；2009 以后高技术产业科技活动经费内部支出统一变为 R&D 经费内部支出。因此，本书数据的时间范围为 2009 ~ 2015 年。其中，内部研发资本存量按照永续盘存法采用存量指标计算，公式为：

$$IRD_{it} = I_{it} + (1 - \delta) \times IRD_{it-1} \tag{5-10}$$

其中，IRD_{it}为 i 地区 t 年的高技术产业内部研发资本存量，I_{it}为 i 地区在 t 年的高技术产业内部研发经费支出，δ 为研发资本折旧率，假设为 15%，且：

$$IRD_{i0} = I_{i0}/(g + \delta) \tag{5-11}$$

IRD_{i0}为 i 地区高技术产业初始研发资本存量，g 为研发支出的平均增长速度。为消除价格变动的影响，研发经费支出用研发支出价格指数（居民消费价格指数 ×0.55 + 固定资产投资价格指数 ×0.45）进行平减后计算，非研发创新各项经费支出用同期 GDP 缩减指数平减，均以 2009 年为基期。表 5 - 1 是样本描述性统计分析结果。

表 5-1　样本描述性统计

变量	均值	中值	方差	最小值	最大值
Y	0.470	0.324	0.244	0.004	2.364
IRD	0.098	0.093	0.002	0.011	0.251
ERD	0.013	0.008	0.000	0.000	0.062
NRD	0.066	0.055	0.003	0.004	0.313
RDH	8.796	9.028	2.645	4.190	12.321
AGG	6.040	6.330	1.829	2.639	8.731
OWN	0.095	0.067	0.009	0.002	0.622
MAR	12.557	12.903	3.062	8.623	16.375

5.3　实证检验及结果分析

5.3.1　面板模型回归估计

从表 5-2 的估计结果可以看出，无论是针对自主研发创新、外部知识源化以及非研发创新，还是考虑控制因素和时滞影响，F 检验、B-P 检验以及 Hausman 检验的结果都支持了选择固定效应，因此得到固定效应的估计结果模型（5-4）、模型（5-5）、模型（5-6）。同时发现固定效应回归中存在异方差和组内相关等问题，本书进一步采用 Driscoll 和 Kraay（1998）标准误差调整方法进行更为有效的固定效应估计，得到模型（5-4）′、模型（5-5）′、模型（5-6）′。

表 5-2　基本模型选择与估计结果

	模型（5-4）	模型（5-5）	模型（5-6）	模型（5-4）′	模型（5-5）′	模型（5-6）′
IRD	-1.266 (2.106)	-2.624 (2.543)		-1.266** (0.365)	-2.624** (0.988)	

续表

	模型（5-4）	模型（5-5）	模型（5-6）	模型（5-4）′	模型（5-5）′	模型（5-6）′
L_IRD			-1.714 (3.080)			-1.714 (1.008)
ERD	-4.572 (9.731)	1.837 (9.559)		-4.572 (3.681)	1.837 (4.434)	
L_ERD			15.603 (15.224)			15.603 (8.555)
NRD	3.514*** (0.691)	1.353* (0.799)		3.514*** (0.454)	1.353* (0.588)	
L_NRD			3.310*** (0.935)			3.310** (0.859)
RDH		0.087** (0.034)			0.087*** (0.017)	
L_RDH			0.039 (0.030)			0.039* (0.017)
AGG		0.322*** (0.069)	0.241*** (0.071)		0.322*** (0.044)	0.241*** (0.034)
OWN		-0.320 (0.196)	-0.221 (0.192)		-0.320** (0.107)	-0.221** (0.071)
MAR		0.218 (0.235)	0.714** (0.285)		0.218 (0.136)	0.714** (0.194)
Constant	0.420*** (0.130)	-4.804 (3.081)	-10.498*** (3.877)	0.420*** (0.053)	-4.804** (1.765)	-10.498*** (2.382)
R-squared	0.184	0.318	0.341	—	—	—
OLS还是固定效应	71.04***	21.95***	23.86***	—		—
OLS还是随机效应	409.25***	278.25***	216.17***	—	—	—
Hausman检验	15.84***	12.71	17.09**	—	—	—
组间异方差检验	4500000***	15184.47***	21402.34***	—	—	—
组内自相关检验	14.482***	15.953***	26.407***	—	—	—
组间同期相关检验	0.438	2.171**	1.194	—	—	—

注：括号内为标准误差，*表示在10%水平上显著，**表示在5%水平上显著，***表示在1%水平上显著，下同。

总体来说，各模型估计关于自主研发创新、外部知识源化和非研发创新对创新驱动效率的影响效应基本一致。模型（5-4）、模型（5-5）、模型（5-6）以及模型（5-4）′、模型（5-5）′、模型（5-6）′对同一个变量系数的估计结果符号基本相同，显著性逐渐改善但性质基本不变，估计结果是有效和稳健的。模型（5-4）中，自主研发创新和外部知识源化的影响系数为负，但并不显著，呈现微弱的负向作用。非研发创新的影响系数在1%水平下显著为正，呈现强劲的正向效应。模型（5-5）中，自主研发创新仍然呈现不显著的负向效应，而外部知识源化的影响系数为正，但并不显著。非研发创新的影响系数在10%水平下显著为正。模型（5-6）中，自主研发创新（滞后一期）保持微弱的负向作用，而外部知识源化（滞后一期）和非研发创新（滞后一期）呈现正向影响效应增大。由于多元滞后模型（5-6）的拟合度最好，说明研发与非研发的资金、人力等方面投入的溢出存在一定的滞后性。进一步，在解决异方差和组内相关等问题基础上，基于模型（5-6）采用 Driscoll 和 Kraay（1998）标准误差调整后的模型（5-6）′可以说是在计量方法和经济意义上均更符合实际。因此，基于模型（5-6）′，可以认为目前高技术产业自主研发创新结构存在一定不合理情况，而产业通过外部知识源化和非研发创新整体上对创新驱动绩效产生了显著的正向影响，需要引起足够的重视和利用。

表5-3　协同效应检验

	模型（5-7）	模型（5-8）	模型（5-9）	模型（5-7）′	模型（5-8）′	模型（5-9）′
L_IRD	-2.616 (3.086)	-1.678 (3.039)	-3.127 (3.232)	-2.616** (0.759)	-1.678** (0.590)	-3.127** (0.803)
L_ERD	30.027* (16.827)	14.982 (15.026)	28.001 (17.570)	30.027** (10.861)	14.982 (8.139)	28.001** (10.151)
L_NRD	4.013*** (0.995)	5.564*** (1.388)	4.262*** (1.154)	4.013** (1.175)	5.564** (1.753)	4.262** (1.226)
L_RDH	0.047 (0.030)	0.042 (0.030)	0.042 (0.030)	0.047** (0.013)	0.042** (0.013)	0.042** (0.015)

续表

	模型（5-7）	模型（5-8）	模型（5-9）	模型（5-7）′	模型（5-8）′	模型（5-9）′
AGG	0.223*** (0.071)	0.229*** (0.071)	0.227*** (0.072)	0.223*** (0.031)	0.229*** (0.027)	0.227*** (0.034)
OWN	-0.194 (0.191)	-0.169 (0.191)	-0.240 (0.192)	-0.194** (0.064)	-0.170* (0.078)	-0.240*** (0.055)
MAR	0.639** (0.285)	0.638** (0.283)	0.672** (0.285)	0.639*** (0.147)	0.638*** (0.149)	0.672*** (0.157)
L_IRD×L_ERD	-51.746* (26.814)			-51.746* (20.854)		
L_IRD×L_NRD		-10.323** (4.748)			-10.323* (4.246)	
L_ERD×L_NRD			-36.200 (25.874)			-36.200** (13.870)
Constant	-9.578** (3.869)	-9.552** (3.851)	-9.948** (3.884)	-9.578*** (1.786)	-9.5521*** (1.827)	-9.948*** (1.875)
R-squared	0.359	0.363	0.350	—	—	—
OLS还是固定效应	24.46***	24.13***	23.93***	—	—	—
OLS还是随机效应	217.03***	211.09***	217.03***	—	—	—
Hausman检验	18.23**	18.70**	17.71**	—	—	—
组间异方差检验	8243.01***	9152.75***	8415.51***	—	—	—
组内自相关检验	26.284***	26.125***	26.673***	—	—	—
组间同期相关检验	0.853	0.709	0.969	—	—	—

基于滞后因素考虑，并且分别加入自主研发创新、外部知识源化和非研发创新的交互项，得到模型（5-7）、模型（5-8）、模型（5-9）。从表5-3估计结果中可以看出，自主研发创新对创新驱动效率的影响作用异质呈现微弱的负向效应，而外部知识源化和非研发创新对专利产出的影响系数始终为正，且存在至少通过了5%的显著性水平检验，模型（5-7）′、模型（5-8）′、模型（5-9）′均保持了一致，有显著性微弱变化但性质基本不变，进一步支持了表5-2的基本模型选择与估计结果。模型（5-7）中，自主研发创新和外部知识源化的交互项系数为负，并在10%水平下显著；模型（5-8）中，自主研发创新和非研

发创新的交互项系数为负，并在5%水平下显著；模型（5-9）中，外部知识源化和非研发创新的交互项系数为负，但并不显著。相对应，模型（5-7）′、模型（5-8）′、模型（5-9）′中，也均呈现出一定程度的负向影响作用。估计结果说明了现阶段中国高技术产业自主研发创新、外部知识源化与非研发创新之间的协同驱动效应呈现一定程度或微弱的负向作用，多样化有效创新路径正向协同效应没有得到充分发挥。

5.3.2 驱动作用结果分析

5.3.2.1 线性驱动作用分析

高技术产业现阶段自主研发创新结构存在一定程度的负向效应，这也同国内外研究保持一致。而产业通过外部知识源化和非研发创新整体上对专利产出产生了显著的正向影响，需要引起足够的重视和利用。中国高技术产业创新投入相对严重不足，核心技术创新能力整体偏弱，但地区异质性严重条件下，产业创新发展中存在着多样化驱动因素可以进行有效利用，通过外部知识源化和非研发创新方式可以创造更多机会与外部知识源互动并获取新知识，降低企业的研发成本与研发风险，缩短创新周期，为产业培养自主研发能力提供更加优良的内部环境。需要注意的是，模型估计中也出现了外部知识源化对于创新驱动绩效的正向促进作用并不显著或者是微弱的负向作用，可能由于我国高技术产业自身研发能力地区差异较大，资源分散配置以及过度引进改造技术会面临消化吸收和知识产权两个方面的问题，而总体内部核心研发能力不足也限制了合作双方获取的新技术、新知识。

虽然多数研究表明内部R&D提高创新绩效，但随着研究不断深入，也发现内部R&D投入对技术创新的影响并不确定，在某些情况下两者之间还可能表现出负面影响。R&D投入并不会比其他形式的投资支出更有利于提高企业绩效（Erickson和Jacobson，1992；Bottazzi等，2001），R&D投入也并不是越多越好，不断上升的R&D投资并没有转化成产出增长。也有研究表明自主研发创新只有在地区拥有一定知识基础上才能发挥出正向效应（陈恒和侯建，2016），自主研发创新驱动科技绩效提升的作用更多地受到知识积累及发展水平的约束，较低的知识积累水平不利于自主研发创新发挥促进效应，自主研发驱动原始创新绩效中存在知识积累支持的内生性，即内部自主研发驱动作用相比其他创新路径更多地存在知识积累的“临界规模”。产业知识积累支持是自主创新过程中的内在基础和必要条件，在研发、组织、设计与制造、销售等创新的每个环节都需要相应的知识积累支持。产业内部知识积累较低则会严重影响企业在相关领域的知识搜寻和选择的效率（Cassidy 等，2005），加重研发创新成本和负担。相比发达国家，目前绝大多数地区较低的知识基础进一步加剧了自主研发创新结构不合理，进而呈现一定程度负向影响作用。另外自主研发创新结构上，内部 R&D 投入作为一种要素投入，符合边际报酬递减规律（Olof，2010），当 R&D 投入超过一定程度后边际成本大于边际收益，降低研发投入反而会更为有效地促进创新发展。Dosi 等（2006）、Braunerhjelm 等（2010）基于欧美国家经验已经验证了 R&D 增长悖论的存在性，而现在 R&D 增长悖论在快速发展的中国体现得越来越明显，即不断上升的 R&D 投资并没有转化成产出增长，尤其是高技术产业的内部自主技术创新活动。同时，在 R&D 投资过程中可能存在着国家创新体系的系统失灵问题（Chen 和 Hou，2018），中国的创新体系尚处于构建和发展阶段中，政府的创新政策和激励机制还存在诸多不完善的地方，无法充分有效推动研发资源转化为产出，由此产生自主 R&D 经费投入系统效率损失。因此，产业内部 R&D 投入和创新结构应该保持在一个合理的范围内，力求保证内部 R&D 投入还存在很大的上升空间。

而对于外部途径，相比传统的自主研发创新、内部研发，开放式创新条件下寻求外部知识源化，重视非研发创新途径是有效的创新转型策略。一方面，实际上，高技术产业在大力强调产业内部研发和核心自主创新能力的同时，与发达国家相比，中国高技术产业自主创新能力较低，知识基础支持整体偏弱，而地区异质性严重条件下产业创新发展中又存在多样化驱动因素可以进行有效利用，结合高技术产业自身现实技术基础，合理选择其外部知识源化和非研发创新战略，可以创造更多机会与外部知识源互动与获取新知识，降低企业的研发成本与研发风险，缩短创新周期，重视通过外部研发合作和技术改造吸收等研发路径来培养自主创新能力，以取得更高的创新绩效产出。另一方面，由于我国高技术产业自身研发能力地区差异较大，资源分散配置以及过度引进改造技术会面临消化吸收和知识产权两个方面的问题（Farrell，2003），而总体内部核心研发能力不足也限制了合作双方获取的新技术、新知识，因此也可能会出现外部知识源化对于创新驱动绩效的正向促进作用并不显著或者微弱的负向作用，需要引起注意。因此，在高技术产业创新实践中，外部知识源化和非研发创新既是一种创新的有效途径，又是一种创新的转型策略。充分利用外部知识源化和非研发创新弥补创业自身创新资源和研发能力的不足，以此应对创新日益增长的成本与技术复杂性。开放式创新使得高技术创新资源更为分散，技术研发周期和更新速度加快，研发时滞和风险因素加大，极大地影响高技术产业创新收益，重视外部知识源化和非研发的多样化路径，一方面弥补产业关键创新资源的缺失，另一方面扩展获取技术知识的途径，有效降低技术市场变化的成本风险。

5.3.2.2　协同交互驱动作用分析

高技术产业外部知识源化、非研发创新与内部研发之间的协同驱动效应呈现不显著或微弱的负向作用，多样化有效创新路径正向协同效应没有充分体现出来。之所以出现这种情况，理论上来说，本书认为现阶段我国高技术产业创新驱动转型发展的同时，与发达国家还有较大差距，自主研发能力总体较弱，面临开放式创新环境趋势，外部知识源化和非研发创新是产业积累与转型阶段驱动发展的有效创新因素和策略。相反，地区异质性条件下，由于我国发达地区不断加强对高技术产业科技研发投入和自主创新能力的重视，外部知识源化和非研发创新路径长期被忽视，多样化有效创新路径正向协同效应没有充分体现出来。而在中西部过度依赖外部合作和技术获取可能又会损害产业进行自主研发的积极性，外部知识源化和非研发创新在与内部研发的协同驱动效应中产生了替代作用（Murovec 和 Prodan，2009）。同时，东、中、西部地区外部知识源化和非研发创新的重复交叉选择，多次引进，机制不当，成本增加，降低了多样化创新途径的正向协同溢出影响。当产业积累了一定的知识技术基础，有能力在研发上加大投入之后，逐步转向以自主研发为主的创新模式（郑刚等，2014），合理适当分配多样化创新路径协同，通过系统的研发活动有效驱动创新绩效和创新转型。总之，现阶段我国高技术产业创新驱动转型发展的同时，核心自主研发能力总体较弱，加之地区创新发展的异质性严重，东部发达地区对高技术产业科技研发投入和自主创新能力越来越重视，而长期忽视了外部知识源化和非研发创新路径，而中西部却过度依赖外部合作和技术获取，这可能又会损害产业在自主研发方面的积极性，外部知识源化和非研发在创新与内部研发的协同驱动效应中，产生了替代作用。同时，地区间外部知识源化和非研发创新的重复交叉选择，成本增加，阻碍了多样化创新途径的正向协同溢出效应。

因此，一方面，重视高技术产业多样化创新路径的空间异质性影响。西部地区自主研发基础还比较薄弱，更依赖于外部知识源化，非研发创新途径。而东部地区更多的是以雄厚的技术水平为基础进行自主研发过程中对交叉领域的技术知识的补充与合作。另一方面，需要正确处理外部知识源化、非研发创新与内部研发之间的关系，充分发挥多样化创新途径的正向协同溢出效应。尽可能地利用外部知识源化和非研发创新为高技术产业自主研发提供更加优良的内部环境和基础，而避免过度强化外部技术来源“替代”影响，损害高技术产业自主研发的积极性；进一步建立、完善高技术产业多样化创新路径的有效实施平台和监督机制，进行合理筛选、引进、改造与积累。通过合理适当分配多样化创新路径协同，在高技术产业具备发达的自主研发创新能力和完善的关键核心技术体系基础上，逐步转向系统的自主研发活动来有效驱动创新绩效和创新转型。

5.4 稳健性检验

本书在对高技术产业创新路径变量进行设置时，采用永续盘存法进行存量计算表示，但计算可能由于受到样本数据量、资本折旧率假设和资本增长速度等限制影响，为了确保估计结果有效可靠，本书进一步进行稳健性检验，再次对自主研发创新、外部知识源化和非研发创新三种核心强度指标进行流量测量重新估计，验证自主研发创新、外部知识源化和非研发创新路径对创新驱动效率的影响。

表 5－4　模型稳健性检验

	模型（5－4）′	模型（5－5）′	模型（5－6）′	模型（5－7）′	模型（5－8）′	模型（5－9）′
L_IRD			－9.683 (8.863)	－16.364 * (6.629)	－12.704 ** (4.819)	－19.585 ** (6.887)
L_ERD			104.934 (54.743)	177.968 ** (68.758)	94.805 (53.408)	174.420 ** (65.215)
L_NRD			15.343 ** (4.189)	17.892 ** (5.442)	25.646 ** (7.998)	18.903 ** (5.609)
L_RDH			0.042 ** (0.015)	0.049 ** (0.012)	0.048 *** (0.011)	0.046 ** (0.014)
AGG		0.315 *** (0.048)	0.236 *** (0.034)	0.219 *** (0.034)	0.226 *** (0.027)	0.225 *** (0.034)
OWN		－0.332 ** (0.109)	－0.192 * (0.087)	－0.170 * (0.081)	－0.144 (0.087)	－0.208 ** (0.072)
MAR		0.260 ** (0.104)	0.712 ** (0.206)	0.615 ** (0.168)	0.598 ** (0.161)	0.655 ** (0.174)
L_IRD×L_ERD				－1728.651 * (763.364)		
L_IRD×L_NRD					－293.445 * (114.223)	
L_ERD×L_NRD						－850.484 * (332.589)
IRD	－7.944 * (3.309)	－13.081 ** (4.589)				
ERD	－33.377 (26.501)	6.169 (33.886)				
NRD	16.376 *** (2.160)	5.503 * (2.629)				
RDH		0.086 *** (0.015)				
Constant	0.414 *** (0.067)	－5.303 *** (1.399)	－10.549 ** (2.610)	－9.282 *** (2.107)	－9.097 *** (2.039)	－9.791 *** (2.163)

由表5-4估计结果可知，以自主研发创新、外部知识源化和非研发创新三种核心指标进行流量测量重新估计的各模型结果与基本模型相比，各变量影响系数的符号、数值及显著性均未发生较大变化，总体估计结果基本一致。无论是采用永续盘存法进行存量计算还是以流量测算代理表示核心解释变量测度指标，自主研发创新结构均呈现一定程度的负向效应，而外部知识源化和非研发创新整体上对专利产出产生了显著的正向影响，且外部知识源化、非研发创新与内部研发之间的协同驱动效应呈现一定程度或微弱的负向影响作用，证明了前文的结论，回归结果是稳健的。

5.5　本章小结

本章在前文理论框架与数据研究基础上，构建了高技术产业自主研发、外部知识源化和非研发与创新驱动效率之间的驱动作用模型，从线性驱动效应及其协同交互驱动效应两个方面展开创新路径对高技术产业创新驱动效率驱动作用关系的实证研究。结果表明，高技术产业现阶段自主研发创新结构还存在一定不合理情况，呈现微弱的负向效应；产业通过外部知识源化和非研发创新整体上对创新驱动绩效产生了显著的正向影响，需要引起足够的重视和利用；而现阶段中国高技术产业自主研发创新、外部知识源化与非研发创新之间的协同驱动效应呈现一定程度的负向作用，多样化有效创新路径正向协同效应没有得到充分发挥。本章研究为高技术产业从整体上优化创新资源配置，探索独特的、有效的多样化创新路径提供了有效的借鉴和参考。

第6章　基于知识积累异质性的创新路径对高技术产业创新驱动效率影响的动态门槛特征

理论研究部分表明由于中国创新基础薄弱和创新资源地区分配不均的情境下的创新路径显然又有其自身的特点，要有效实现创新驱动发展，还需要本身具备一定的条件，包括知识积累水平、研发程度、经济基础完善程度等，由于其创新门槛要素时空差异对创新模式和作用可能产生不同特征效应，各地区产业创新路径驱动的差异还取决于是否成功跨越相应的门槛值。实证检验部分也初步证实自主研发、外部知识源化和非研发对高技术产业的创新驱动效率驱动作用中存在影响和推动的基本关系，但二者并未存在一一对应的特征关系，均未涉及在异质性条件下的各地区高技术产业不同知识积累水平门槛要素造成的创新路径对高技术产业创新驱动效率影响机制的差异效应。本章进一步从异质性特征视角出发，继续深入探讨创新路径对高技术产业创新驱动效率影响机制的动态异质门槛特征，检验不同地区知识积累水平差异对创新路径与高技术产业创新驱动效率之间影响效应造成的深层次复杂的异质门槛特征效应，探讨根据不同地区门槛异质性特征来正确选择和充分发挥创新路径驱动高技术产业创新发展。

6.1 动态门槛特征模型构建

6.1.1 面板门槛技术基本原理

6.1.1.1 门槛设定

Hansen（1999，2000）提出的两体制（two - regime）门槛回归模型的基本形式表示为：

$$y_i = \theta'_1 x_i + e_i,\ q_i \leqslant \gamma \tag{6-1}$$

$$y_i = \theta'_2 x_i + e_i,\ q_i \geqslant \gamma \tag{6-2}$$

其中，解释变量 x_i 为 m 维的列向量，q_i 为门槛变量（既可以是解释变量 x_i 中的回归元，也可以作为独立的门槛变量）。

定义虚拟变量 $d_i(\gamma) = (q_i \leqslant \gamma)$，（·）是指示函数（indicator function），即对于 $q_i \leqslant \gamma$，（·）=1，否则（·）=0。令集合 $x_i(\gamma) = x_i d_i(\gamma)$。由此上述方程组可以用单一方程表示：

$$y_i = \theta' x_i + \delta'_n x_i(\gamma) + e_i \tag{6-3}$$

由 $\theta = \theta_2$，$\delta_n = \theta_2 - \theta_1$（Hansen，1999，2000）门槛思想关键是以 $\delta_n = \theta_2 - \theta_1$ 表示门槛特征效应，将式（6-3）进一步改写成矩阵形式：

$$Y = X\theta + X_\gamma \delta_n + e \tag{6-4}$$

此时模型中的回归参数为（θ，δ_n，γ）。对于任意门槛值 γ 相应的残差平方和函数为：

$$S_n(\gamma) = S_n(\theta(\gamma),\ \delta(\gamma),\ \gamma) = Y'Y - Y'X_\gamma^*(X_\gamma^{*\prime} X_\gamma^*)^{-1} X_\gamma^{*\prime} Y$$

最优门槛值就是使 $S_n(\gamma)$ 最小的$\hat{\gamma}$。且

$$\hat{\gamma} = \arg\min_{\gamma \in \Gamma_n} S_n(\gamma) \tag{6-5}$$

其中，$\Gamma_n = \Gamma \cap \{q_1,\ \cdots,\ q_n\}$。满足式（6-5）的观测值即为门槛值。

6.1.1.2 显著性检验

确定门槛值后，需要进一步验证其差异存在显著性。不存在门槛值原假设为 H_0：$\theta_1=\theta_2$。LM 统计量为：

$$L=n\frac{S_0-S_n(\hat{\gamma})}{S_n(\hat{\gamma})} \tag{6-6}$$

式（6-6）中，S_0 为原假设残差平方和。考虑 LM 统计量不服从标准分布，Hansen（1999，2000）运用“自体抽样”（bootstrap）来获得渐进分布。具体来说，根据 Hansen 提出的单门槛值和多门槛值面板数据模型估计方法，首先检验是否存在单一门槛效应，提出原假设 H_0 不存在门槛值，处理给定门槛值前提下条件最小二乘法回归，得出使其相应的残差平方和最小的门槛估计值以及其他参数并利用“自体抽样”获得显著性的 P 值进行显著性检验，若通过检验则拒绝原假设 H_0，即存在一个门槛值。然后继续搜寻双重门槛，先固定第一个门槛值，搜索第二个门槛值并检验其显著性，接着再计算出最小的另一个门槛值（新估计得到的第一个门槛值），回检是否和已知的第一个门槛值一致，重复上述步骤，直到结果显示不一致为止，从而确定是否存在门槛值以及几个门槛值。

6.1.1.3 置信区间

最后，利用似然比统计量（Likelihood Ratio）构造“非拒绝域”，进一步得到 γ 的有效渐进置信区间。似然比统计量为：

$$LR_n(\gamma)=n\frac{S_n(\gamma)-S_n(\hat{\gamma})}{S_n(\hat{\gamma})} \tag{6-7}$$

在 $1-\alpha$ 置信水平上的“非拒绝域”是一系列满足 LR_n（γ）$\leqslant c$（α）的 γ 值，即似然比统计量 LR_n（γ）$\leqslant c$（α）$=-2\ln$（$1-\sqrt{1-\alpha}$）时（α 为显著性水平，95% 的置信水平下，c（α）等于 7.35），不能拒绝门槛值等于真实值的原假设 H_0：$\gamma=\gamma_0$。

需要说明的是，传统的处理结构变化问题实证做法通常基于外生样本分离方法，一种是加入解释变量的二次项或者三次项，来反映变量间的曲线关系；另一种是加入虚拟变量以及虚拟变量的交乘项；还有一种是采用分组回归，不同分组回归结果差异，间接检验是否存在非线性关系。这些研究方法存在很大局限性：

在解释变量中加入部分解释变量平方项，往往导致非常严重的共线性问题且无法验证门槛估计值的正确性；由于受分组标准的制约，结构变化分界点难以确定，分异区间和样本分离点都是任意选择的，而不是内生机制决定，错误的主观分界点会导致严重的偏误，并不能有效估计准确的门槛值，也无法运用分布理论对不同样本回归结果的差异性进行显著性检验。由此，上述 Hansen（1999，2000）提出的静态面板门槛建模技术，依据样本数据特点来内生性地搜索“临界值”，并提供渐进分布理论和“自体抽样”方法进行显著性和真实性检验，避免了主观分组及交叉项估算的偏差性。这样通过对样本数据的自动识别可以很好地捕捉经济系统中结构突变产生的非线性门槛特征，同时还具有一般面板数据模型所具有的良好特性（Hansen，1999，2000）。

遗憾的是，Hansen（1999）提出的门槛面板技术仅适用于非动态面板模型，不能反映样本研究对象的动态变化，忽视了对内生变量的处理，没有全面考虑计量模型内生性和研究对象动态变化特征。鉴于产业创新驱动本身存在的动态延续性和惯性，且模型本身亦会具有很强的内生性，本书在参考 Hsiao 以及 Ho 的动态面板估计基础上，加入滞后变量控制时滞效应和动态要素影响对静态面板门槛回归模型进行改进，根据新发展的动态面板估计思路，在 Hansen 方法估计动态面板门槛值基础上，进一步科学采用 Arellano 和 Bond（1991）提出的一阶差分 GMM 估计法探究不同的门槛数值分区间估计系数及差异。最后，为确保模型估计有限和稳健，本书再次采用系统 GMM 估计对分区间的斜率系数进行估计验证，深入探究地区知识积累异质性条件下高技术产业创新路径对创新驱动效率影响的差异及稳健性。

据此，本书所改进的动态面板门槛技术不仅采用了 Hansen 方法内生性的搜索门槛，纳入模型非线性特征，又结合了一阶差分 GMM 和系统 GMM 动态模型处理，全面有效地考虑了模型内生性和动态变化。

6.1.2　动态门槛模型构建

结合本书第2章创新路径对创新驱动效率的影响效应理论解析与框架构建，以及发展中国家创新路径特征，构建本书具体的创新路径动态门槛模型。

首先，关于本章门槛特征效应结构，从技术来源角度，按照研发参与程度的强弱以及发展中国家创新活动特征，以不同地区知识积累水平差异的异质影响为切入点深入考虑自主研发创新、外部知识源化和非研发创新三种创新路径驱动创新发展效应的动态门槛特征（见图6－1）。

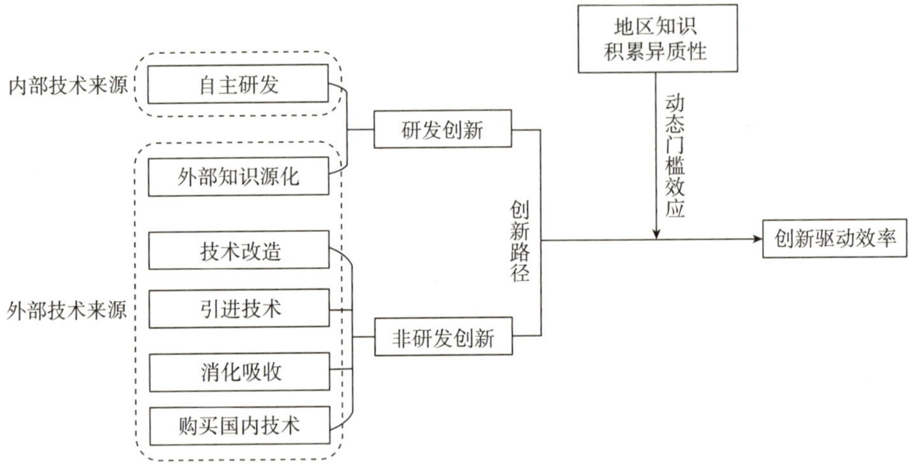

图6－1　高技术产业创新路径关系及异质门槛特征

其次，结合高技术产业创新路径关系及门槛驱动效应结构，基于本书改进的Griliches－Jaffe知识生产函数的Cobb－Douglas函数模型：

$$Y_i = \varphi IRD_i^{\alpha} ERD^{\beta} NRD_i^{x} \varepsilon \tag{6-8}$$

其中，Y为创新驱动效率指标，IRD表示影响技术创新的自主研发创新变量，ERD表示外部知识源化变量，NRD表示影响科技创新的非研发创新变量，ε为随机误差项。

借鉴现有文献对地区和产业创新发展因素的研究（Horta等，2012；Huang和Chi，2013；Wang和Kafouros，2009；Chen等，2017），创新是一个复杂的系统过程，封闭式创新向开放式创新转型中，影响创新绩效因素除了本书关注的自主研发创新、外部知识源化和非研发创新，研发人员投入作为知识生产函数中基本要素之一，和各种资金投入一致，直接影响到企业创新发展（Zhang等，

2003）。不同企业所占有资本、劳动等生产要素份额的增减结构、产业聚集度和市场环境成熟度等也是需要控制的重要影响因素（Chen 和 Hou，2018）。此外，基于知识生产模型，本书将 Griliches－Jaffe 模型和 Romer 模型结合，创新知识流动及当前和以后的研究与开发严重地依赖于过去所积累形成的知识存量，知识积累作为创新过程中的重要投入要素，反映了研发状况和技术创新的发展潜力，也是衡量科技绩效的基础（Chen 和 Hou，2018）。于是构建本书高技术产业创新驱动模型：

$$Y_{it}=\varphi IRD_{it}^{\alpha_1}ERD_{it}^{\alpha_2}NRD_{it}^{\alpha_3}RDH_{it}^{\alpha_4}AGG_{it}^{\alpha_5}STR_{it}^{\alpha_6}MAR_{it}^{\alpha_7}KLA_{it}^{\alpha_8}\varepsilon_{it} \tag{6-9}$$

其中，RDH 表示研发人员，AGG 表示产业聚集度，STR 表示要素禀赋结构，MAR 表示市场环境，KLA 表示知识积累水平。

在式（6－9）基础上，考虑到创新驱动本身存在的动态性和延续性，进一步引入 Y_{it-1} 变量，控制创新的动态过程和惯性延续。同时，鉴于创新驱动从投入到产出是一个系统过程，相关投入变量存在一定的时滞（Chen 和 Hou，2018；侯建和陈恒，2016），引入了相应滞后数据计算。而且考虑的是不同地区高技术产业知识积累水平异质门槛差异，最终构建自主研发创新、外部知识源化和非研发创新三种创新路径驱动创新发展的动态面板门槛模型（单一门槛）：

$$\ln Y_{it}=\theta+\alpha_1\ln Y_{it-1}+\alpha_2\ln RDH_{it-1}+\alpha_3\ln AGG_{it}+\alpha_4\ln STR_{it}+\alpha_5\ln MAR_{it}+\beta_1\ln IRD_{it-1}I(KLA_{it}\leqslant\gamma)+\beta_2\ln IRD_{it-1}I(KLA_{it}>\gamma)+\mu_i+\upsilon_t+\varepsilon_{it} \tag{6-10}$$

其中，I（·）为指示函数，KLA_{it}为门槛因素，本书选取地区知识积累水平门槛变量，γ 为变量门槛值。μ_i 为个体的特定效应，V_t 为时间的特定效应，ε_{it}是随机干扰项。其他指标同式（6－9）。

$$\ln Y_{it}=\theta+\alpha_1\ln Y_{it-1}+\alpha_2\ln RDH_{it-1}+\alpha_3\ln AGG_{it}+\alpha_4\ln STR_{it}+\alpha_5\ln MAR_{it}+\beta_1\ln ERD_{it-1}I(KLA_{it}\leqslant\gamma)+\beta_2\ln ERD_{it-1}I(KLA_{it}>\gamma)+\mu_i+\upsilon_t+\varepsilon_{it} \tag{6-11}$$

$$\ln Y_{it}=\theta+\alpha_1\ln Y_{it-1}+\alpha_2\ln RDH_{it-1}+\alpha_3\ln AGG_{it}+\alpha_4\ln STR_{it}+\alpha_5\ln MAR_{it}+\beta_1\ln NRD_{it-1}I(KLA_{it}\leqslant\gamma)+\beta_2\ln NRD_{it-1}I(KLA_{it}>\gamma)+\mu_i+\upsilon_t+\varepsilon_{it} \tag{6-12}$$

接着，如果检验中存在不止一个门槛，我们构建三种创新路径的动态面板多门槛模型（双门槛为例）：

$$\ln Y_{it} = \theta + \alpha_1 \ln Y_{it-1} + \alpha_2 \ln RDH_{it-1} + \alpha_3 \ln AGG_{it} + \alpha_4 \ln STR_{it} + \alpha_5 \ln MAR_{it} + \beta_1 \ln IRD_{it-1} I(KLA_{it} \leqslant \gamma_1) + \beta_2 \ln IRD_{it-1} I(\gamma_1 < KLA_{it} \leqslant \gamma_2) + \beta_3 \ln IRD_{it-1} I(KLA_{it} > \gamma_2) + \mu_i + \upsilon_t + \varepsilon_{it} \quad (6-13)$$

其中，γ_1、γ_2 为双重门槛值，其他符号同式（6－10）。

$$\ln Y_{it} = \theta + \alpha_1 \ln Y_{it-1} + \alpha_2 \ln RDH_{it-1} + \alpha_3 \ln AGG_{it} + \alpha_4 \ln STR_{it} + \alpha_5 \ln MAR_{it} + \beta_1 \ln ERD_{it-1} I(KLA_{it} \leqslant \gamma_1) + \beta_2 \ln ERD_{it-1} I(\gamma_1 < KLA_{it} \leqslant \gamma_2) + \beta_3 \ln ERD_{it-1} I(KLA_{it} > \gamma_2) + \mu_i + \upsilon_t + \varepsilon_{it} \quad (6-14)$$

$$\ln Y_{it} = \theta + \alpha_1 \ln Y_{it-1} + \alpha_2 \ln RDH_{it-1} + \alpha_3 \ln AGG_{it} + \alpha_4 \ln STR_{it} + \alpha_5 \ln MAR_{it} + \beta_1 \ln NRD_{it-1} I(KLA_{it} \leqslant \gamma_1) + \beta_2 \ln NRD_{it-1} I(\gamma_1 < KLA_{it} \leqslant \gamma_2) + \beta_3 \ln NRD_{it-1} I(KLA_{it} > \gamma_2) + \mu_i + \upsilon_t + \varepsilon_{it} \quad (6-15)$$

6.1.3 变量与数据

被解释变量：创新驱动效率（Y），即本书第 4 章基于处理环境效应和随机误差与超效率改进的综合测度模型测算结果。

门槛变量：知识积累（KLA）。根据前文所述，企业技术创新方式的选择依赖于知识积累门槛水平（Blomstrom 和 Sjoholm，1999；Putranto 等，2003）。研究中针对省际地区产业的知识积累存量估算较少。由于知识有多种复杂的存在形式，对知识积累的定量测算学术界还没有统一的标准。有知识生产过程、地区产业系统内知识资源的占有总量，或前期研究开发所产生的知识积累。由于专利代表了知识产权，是主要的技术信息源，一方面各地区高技术产业专利申请数据相对易得、准确、完整，且较少受到授权审查机构的干扰，较客观体现技术积累流动；另一方面避免研究的盲目性和重复性，有效提高创新活动的效率（Hagedoorn 和 Cloodt，2003；Wan 等，2005）。借鉴 Ang（2011）的做法对高技术产业地区知识积累进行永续盘存法的存量计算，用 t 期专利申请数存量表示，测算公式为：

$$KLA_{it} = (1-\delta) KLA_{it-1} + \Delta KLA_{it} = \sum_{\tau=0}^{\infty} (1-\delta)^{\tau} \Delta KLA_{it-\tau} \quad (6-16)$$

式（6－16）中 KLA_{it} 为高技术产业各地区 t 年的知识积累，ΔKLA_{it} 为高技术

产业各地区 t 年的专利申请量，综合现有研究经验，折旧率 δ 取值15%。同时，还需先确定高技术产业各地区的基期知识积累，计算方法为：

$$KLA_{i0} = \Delta KLA_{i0} \sum_{\tau=0}^{\infty} \frac{(1-\delta)^{\tau}}{(1-g_i)} = \frac{\Delta KLA_{i0}}{g_i + \delta} \tag{6-17}$$

式（6-17）中 KLA_{i0} 为高技术产业 i 地区2009年的知识累积水平，ΔKLA_{i0} 为高技术产业 i 地区2009年的专利申请量，g_i 为高技术产业 i 地区2009~2015年专利申请量的年均增长率，δ 为折旧率。

核心解释变量：自主研发创新（IRD）。考虑中国高技术产业实际情况，一方面由研发投入转化为最终创新产出具有一定时滞性，另一方面前期研发投入也会影响当期投入情况，因此采用变量滞后一期形式，并且以永续盘存法进行存量计算，即研发资本存量（Hong等，2016；Cruz-Cázares等，2013）。由于不同地区产业间存在比较差异，进一步使用自主研发创新投入强度来衡量，计算方法为产业企业R&D经费内部支出占其主营业务收入比重（陈恒和侯建，2017）。外部知识源化（ERD）。外部知识源化主要测度企业为获得相关的技术、知识、设备或创新产品而向其他企业、大学和科研院所等组织边界外部支付的研发费用，也包括合作研发（Vega-Jurado，2009；侯建和陈恒，2017）。因此，本书选择高技术产业外部研发经费支出测量（Chen和Hou，2018；侯建和陈恒，2017；Hou和Chen，2017）。作为投入变量同样采取滞后一期形式，并采用永续盘存法计算资本存量，并以产业企业R&D经费外部支出占其主营业务收入比重来反映产业企业外部知识源化程度。非研发创新（NRD）。创新并不完全等同于研发，根据中国高技术产业非研发活动实际特点，采用各项非研发创新经费支出来衡量（谢子远和黄文军，2015；Chen，2018；侯建和陈恒，2017），包括高技术产业技术改造经费、引进技术经费、消化吸收经费和购买国内技术经费。作为投入变量同样采取滞后一期形式，并采用永续盘存法计算资本存量，并以产业企业非研发支出占其主营业务收入比重来反映产业企业非研发创新程度。

控制变量：高技术产业创新驱动发展受到人力资本、要素结构、市场和竞争因素等多方面效应影响，参照现有研究（Zhang等，2003；Chen等，2018），对高技术产业创新驱动发展效应设置一系列控制因素。研发人力（RDH）。在高技术产业中，劳动力质量可以反映出产业对新知识的吸收和对新技术的发展程度。研发人力作为知识生产基本要素之一，为企业进行技术创新提供了基础（Guan和Chen，2010）。采用R&D活动人员折合全时当量滞后一期来衡量（谢子远和黄文军，2015；Chen等，2018）。产业聚集度（AGG）。一般而言，竞争性环境可以给研发活动带来更大的激励，市场集中度越高越能有效促进创新绩效的提升（Wan等，2005）。本书用各地区高技术企业数量表示。要素结构（STR）。企业所占有资本、劳动等生产要素份额的增减显著影响技术效率。通常资本增加的速度比劳动力增加的速度越快，越有利于产业的技术创新效率提高（侯建和陈恒，2018）。本书以高技术产业总资产与年平均从业人数之比表示。市场环境（MAR）。对于产业相应的市场环境成熟度，本书采用技术市场成交额代理测量市场环境因素（肖仁桥等，2012）。表6-1为样本各变量定义与说明。

表6-1　变量定义与说明

变量类型	变量名称	变量代码	变量计算方法
被解释变量	创新驱动效率	Y	前文基于处理环境效应和随机误差与超效率改进的综合测度模型测算结果
门槛变量	知识积累	KLA	高技术产业专利申请量，永续盘存法存量计算（陈恒和侯建，2016）
解释变量	自主研发创新	IRD	高技术产业内部研发资本占同期主营业务收入比重（陈恒和侯建，2017）
	外部知识源化	ERD	高技术产业外部研发资本占同期主营业务收入比重（Hou和Chen，2017）
	非研发创新	NRD	高技术产业非研发资本占同期主营业务收入比重（谢子远和黄文军，2015）
控制变量	研发人力	RDH	高技术产业R&D人员全时当量（陈恒和侯建，2016）
	产业聚集度	AGG	高技术企业数量（Hou和Chen，2017）
	要素结构	STR	高技术产业总资产与同期年平均从业人数之比（侯建和陈恒，2018）
	市场环境	MAR	地区技术市场成交额（肖仁桥等，2012）

本章选取2009~2015年中国高技术产业29个省份面板数据。数据选取标准均与前文一致。由于部分数据缺失，本书采用了相邻数据填充、相邻两个数据平均填充方式对缺失数据进行了有效的填充。原始数据来自2010~2016年《中国高技术产业统计年鉴》《中国科技统计年鉴》《中国统计年鉴》，同时对各变量做了对数处理和相应平减处理，并将相关投入数据滞后一期计算。样本描述性统计分析见表6-2。

表6-2 变量的基本统计量

变量	均值	中值	方差	最小值	最大值
Y	0.470	0.324	0.244	0.004	2.364
KLA	8.409	8.436	2.642	5.047	12.440
IRD	0.098	0.093	0.002	0.011	0.251
ERD	0.013	0.008	0.000	0.000	0.062
NRD	0.066	0.055	0.003	0.004	0.313
RDH	8.796	9.028	2.645	4.190	12.321
AGG	6.040	6.330	1.829	2.639	8.731
STR	13.512	4.321	314.970	0.453	82.104
MAR	12.557	12.903	3.062	8.623	16.375

6.2 动态异质门槛特征检验

基于上述改进的动态面板门槛计量方法，本书以不同地区高技术产业知识积累门槛为切入点，采用纳入因变量滞后一期的动态面板门槛估计法进行实证检验和比较分析。

在进行门槛估计之前，首先需要检验模型是否存在门槛以及门槛的个数，以适用于本书的门槛技术，即门槛特征检验。本书依次在不存在门槛、一个门槛、两个门槛的设定条件下对模型（6－10）～（6－15）进行估计，以知识积累为门槛变量进行门槛特征检验后得到 F 统计量及相应自抽样 P 值和 1%、5%、10%显著性水平的临界值。由表 6－3 估计结果可知，对于自主研发创新变量，单一门槛 F 值为 16.360，自抽样 P 值在 5%水平上显著；双重门槛 F 值为 11.950，自抽样 P 值在 10%水平上显著；三重门槛特征效果并不显著。对于外部知识源化变量，双重门槛 F 值为 7.754，自抽样 P 值在 5%水平上显著；单一门槛和三重门槛特征效果并不显著。对于非研发创新变量，单一门槛 F 值为 25.835，自抽样 P 值在 1%水平上显著；双重门槛 F 值为 17.214，自抽样 P 值在 5%水平上显著；三重门槛特征效果并不显著。基于 Hansen（1999，2000）门槛理论，模型存在显著的知识积累双重门槛特征，即创新路径对高技术产业创新驱动效率的影响存在显著的知识积累门槛效应。后文据此针对双重门槛特征进行具体分析。

表 6－3　门槛效果检验

		F 值	P 值	BS 次数	临界值		
					1%	5%	10%
自主研发创新	单一门槛	16.360**	0.046	500	26.463	16.657	10.489
	双重门槛	11.950*	0.078	500	30.945	20.133	9.153
	三重门槛	5.936	0.128	500	23.319	11.729	7.208
外部知识源化	单一门槛	10.256	0.106	500	26.473	23.721	19.585
	双重门槛	7.754**	0.020	500	10.607	5.514	3.494
	三重门槛	0.142	0.770	500	52.858	15.681	10.334
非研发创新	单一门槛	25.835***	0.008	500	23.545	12.241	9.158
	双重门槛	17.214**	0.030	500	20.351	14.307	9.948
	三重门槛	0.679	0.642	500	15.756	6.835	5.217

注：*表示在 10%水平上显著，**表示在 5%水平上显著，***表示在 1%水平上显著，下同。

6.3 门槛值确定与异质区间构造

基于门槛特征检验，进一步确定门槛值与置信区间，结果见表6-4。自主研发创新驱动作用，存在显著的知识积累双重门槛特征效应，门槛值分别为9.030和11.278，分别位于95%置信区间［8.755，9.136］和［9.828，11.278］内。因此，可以根据这两个门槛值数据划分为低知识积累（KLA≤9.030）、中知识积累（9.030<KLA≤11.278）和高知识积累（KLA>11.278）三种类型。外部知识源化驱动作用，同样存在显著的知识积累双重门槛特征，门槛值分别为9.136和9.828，分别位于95%置信区间［8.864，9.216］和［9.828，11.278］内。非研发创新驱动作用，亦存在显著的知识积累双重门槛特征，门槛值分别为9.030和11.278，分别位于95%置信区间［8.965，9.136］和［10.899，11.278］内。

表6-4 门槛值与置信区间估计结果

	门槛	门槛估计值	95%置信区间
自主研发创新	单一门槛	9.030	[8.755，9.136]
	双重门槛	11.278	[9.828，11.278]
		9.030	[8.755，9.136]
	三重门槛	9.867	[6.216，10.178]
外部知识源化	单一门槛	9.136	[8.755，10.092]
	双重门槛	9.828	[9.828，11.278]
		9.136	[8.864，9.216]
	三重门槛	11.412	[7.690，11.412]

续表

	门槛	门槛估计值	95%置信区间
非研发创新	单一门槛	9.030	[8.965，9.136]
	双重门槛	11.278	[10.899，11.278]
		9.030	[8.965，9.136]
	三重门槛	9.867	[5.831，10.449]

综合上述三类检验的结果可知，知识积累程度变量对高技术产业创新路径与创新驱动效率的影响均适用于双重门槛特征效应估计。进一步，借助绘制的似然比函数图，三种创新路径对应的门槛变量“似然比”序列随门槛值变化的函数趋势图清晰地展示了门槛值的估计和置信区间的构造结构，可明显看出模型存在显著双重门槛特征效应（见图6－2～6－4）。

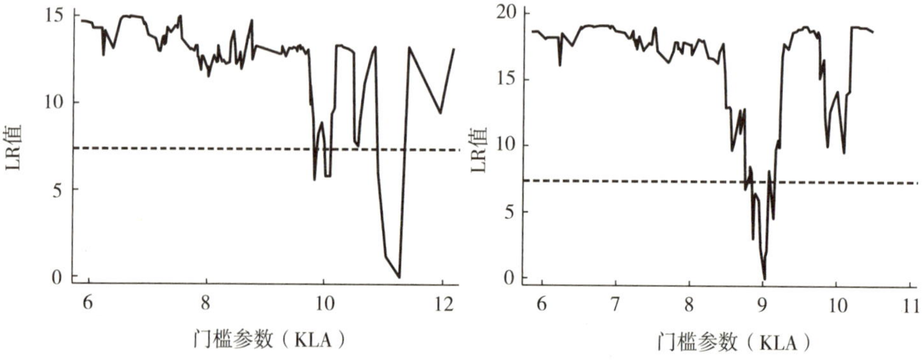

第一个门槛的估计值和置信区间　　第二个门槛的估计值和置信区间

图6－2　自主研发创新动态门槛模型似然比函数

门槛参数估计值为似然比检验统计量LR等于零时KLA取值。在自主研发创新与非研发创新的双重门槛模型中，双重门槛估计值分别为9.030和11.278时，似然比统计量值为零。各个门槛估计值的95%置信区间是所有LR值小于5%显著水平下的临界值（对应图中虚线）的γ构成的区间，说明门槛估计值与其真实值相等（见图6－2和图6－4）。在外部知识源化的双重门槛模型中，双重门槛估计值分别为9.136和9.828时，似然比统计量值为零。各个门槛估计值的95%置信区间是所有LR值小于5%显著水平下的临界值（对应图中虚线）的γ构成的区间，说明门槛估计值与其真实值相等（见图6－3）。

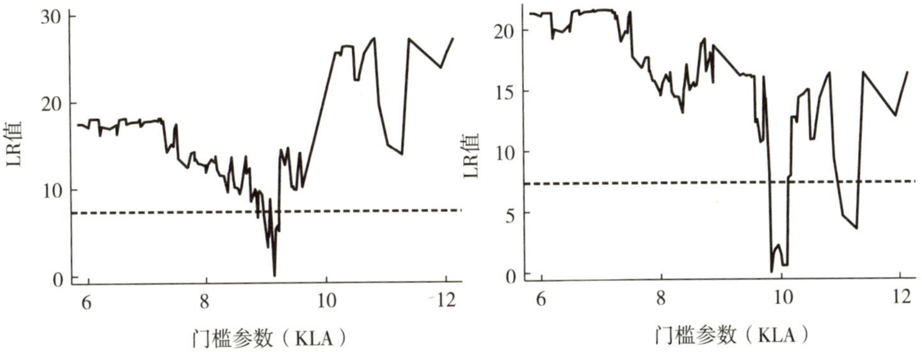

第一个门槛的估计值和置信区间　　第二个门槛的估计值和置信区间

图6－3　外部知识源化动态门槛模型似然比函数

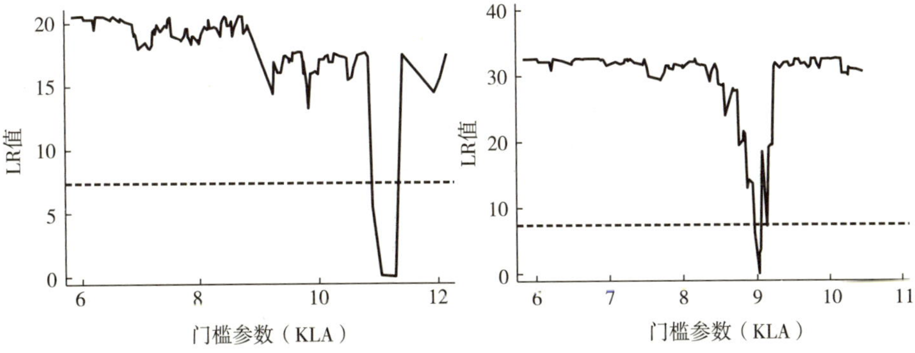

第一个门槛的估计值和置信区间　　第二个门槛的估计值和置信区间

图6－4　非研发创新动态门槛模型似然比函数

6.4 动态异质门槛特征估计结果分析

6.4.1 模型参数估计结果

本书在估计出面板门槛值的基础上，根据门槛值将全样本划分为不同的区间，并采用 Arellano 和 Bond（1991）提出的一阶差分 GMM 估计法对分区间的斜率系数进行估计，通过比较不同路径在不同知识积累区间内斜率系数的差异来检验门槛特征的影响作用。估计结果见表 6－5。

由表 6－5 估计结果可知，自主研发创新驱动的知识积累双重门槛条件下，当地区知识积累水平低于门槛值 9.030 时（低知识积累区间），自主研发创新路径对高技术产业创新驱动效率的影响具有一定程度的显著促进效应。随着地区知识积累水平不断增强，在 9.030 和 11.278 之间时（中知识积累区间），自主研发创新路径对高技术产业创新驱动效率的正向影响增强，且均在 1% 水平上显著。这表明在这一水平区间加强产业内部自主研发模式最有利于高技术产业创新驱动发展绩效的提升。而当地区知识积累门槛值继续跨过 11.278 时（高知识积累区间），门槛过高，系数影响方向转变为负，且在 1% 水平上显著，自主研发创新路径对高技术产业创新驱动发展绩效的影响呈现显著的负向抑制作用。这表明随着地区知识积累门槛水平的不断上升，自主研发创新对高技术产业创新驱动发展效率的影响程度系数依次变化，影响方向亦由显著的正向效应最终变化为显著的负向作用，呈现明显的门槛效应特征。这也和 Chen 等（2018）的研究结果一致。从统计意义上来说，当地区高技术产业知识积累水平位于 9.030 和 11.278 之间时，最适合选择或采取内部的自主研发路径推动地区创新驱动发展。

表 6-5 模型的参数估计结果

自主研发创新		外部知识源化		非研发创新	
变量	系数	变量	系数	变量	系数
L. Y	0.368*** (0.156)	L. Y	0.373*** (0.028)	L. Y	0.168*** (0.012)
RDH	0.315 (0.024)	RDH	0.073 (0.065)	RDH	-0.011 (0.051)
AGG	0.065** (0.026)	AGG	0.082*** (0.022)	AGG	0.083*** (0.028)
STR	-0.008*** (0.001)	STR	-0.014*** (0.001)	STR	-0.003*** (0.001)
MAR	0.382*** (0.104)	MAR	0.194* (0.104)	MAR	0.440*** (0.108)
IRD（KLA≤9.030）	1.580*** (0.505)	ERD（KLA≤9.136）	3.182 (3.343)	NRD（KLA≤9.030）	2.677*** (0.571)
IRD（9.030<KLA≤11.278）	2.210*** (0.467)	ERD（9.136<KLA≤9.828）	12.517*** (2.861)	NRD（9.030<KLA≤11.278）	3.932*** (0.618)
IRD（KLA>11.278）	-2.089*** (0.443)	ERD（KLA>9.828）	0.850 (2.547)	NRD（KLA>11.278）	-3.844*** (0.532)
cons	-4.952*** (1.501)	cons	-2.557* (1.522)	cons	-5.624*** (1.563)
AR（1）检验	0.132	AR（1）检验	0.065	AR（1）检验	0.253
AR（2）检验	0.671	AR（2）检验	0.597	AR（2）检验	0.887
Sargan 检验	0.109	Sargan 检验	0.216	Sargan 检验	0.140

注：括号内为标准误差，* 表示在 10% 水平上显著，** 表示在 5% 水平上显著，*** 表示在 1% 水平上显著，下同。

外部知识源化驱动的知识积累双重门槛条件下，当地区知识积累水平未跨过门槛值 9.136 时（低知识积累区间），外部知识源化路径模式对高技术产业创新驱动效率具有微弱的正向效应，并不显著。而地区知识积累水平在 9.136 和

9.828之间时（中知识积累区间），外部知识源化路径对高技术产业创新驱动效率的正向影响显著增强，在1%水平上显著。这表明在这一水平区间产业外部知识源化路径模式显著促进了高技术产业创新驱动发展绩效的提升。当地区知识积累门槛值继续跨过9.828时（高知识积累区间），外部知识源化路径对产业创新驱动发展绩效的正向影响又出现降低，基本回到了跨越门槛之前的不显著正向效应。

非研发创新驱动的知识积累双重门槛条件下，当地区知识积累水平低于门槛值9.030时（低知识积累区间），非研发创新路径对高技术产业创新驱动效率的影响呈现一定程度的显著促进效应。当地区知识积累水平不断增强，在9.030和11.278之间时（中知识积累区间），非研发创新路径对高技术产业创新驱动效率的正向影响增强，且均在1%水平上显著。而当地区知识积累门槛值继续跨过11.278时（高知识积累区间），系数影响方向转变为负，且在1%水平上显著，呈现显著的负向抑制作用。这和自主研发创新路径基本保持了一致的趋势。

对于控制变量而言，研发人力、产业聚集度和市场环境基本都呈现显著正相关，而产业资本与劳动要素禀赋结构对创新驱动绩效的影响均为负，产生较大程度的不利影响。最后，由表6－5中动态面板门槛参数估计结果，因变量滞后项在1%的水平上显著，表明本书构建的动态面板门槛模型是合理的，所有的Sargan检验和AR（1）、AR（2）检验均通过，没有拒绝模型工具变量设定是合理的原假设，表6－5中模型均较为合理，采用一阶差分GMM亦比较合理。

总体上，创新路径对高技术产业创新驱动效率的影响存在显著的地区知识积累门槛特征效应，影响效应亦存在差异。区间上，根据地区知识积累门槛划分为低知识积累区间、中知识积累区间和高知识积累区间三种类型。适度的知识积累水平（中知识积累区间）更有利于创新路径充分发挥正向促进效应，而过高或较低的知识积累水平均会在一定程度上影响创新路径的驱动作用，反映知识积累对创新路径的驱动作用存在“临界规模”，即地区高新技术产业知识积累只有保持在适当临界规模内（最优区间），才最有利于产业内外部知识创新和技术进步，进而创新驱动发展绩效提升越明显。另外，随着地区知识积累水平的加强，三种创新路径驱动机制亦存在异质性。具体来说，自主研发和非研发创新中，知识积累存量越大，越有利于知识创新和技术进步，进而创新驱动绩效提升越明显，而知识积累一旦突破了临界规模，这种促进效应进而转变为显著的负向影响作用。对于外部知识源化，当知识积累的门槛较低或过高时，外部知识源化创新驱动的正向作用均较小，过高或者过低的地区知识积累水平都不利于外部知识源化对产业创新驱动效率的促进提升效应充分发挥，而当位于适度的地区知识积累水平时（中知识积累区间），外部知识源化对创新驱动发展绩效的积极促进作用影响最大。因此，需要针对产业不同地区知识积累水平差异分布情况选择实施最优创新路径范式驱动发展。

理论上来说，从研发两面性出发，一方面，内部自主研发驱动创新发展中存在知识积累支持的内生性。产业知识积累支持是创新过程的内在基础和必要条件，在研发、组织、设计与制造、销售等创新的每个环节都需要相应的知识积累支持。产业内部知识积累会提高企业在相关领域的知识搜寻和选择的效率（Cassidy 等，2005），使得内部研发识别是最值得解决的市场问题，进而取得产业最优化科技绩效。同时，积累的知识存量拥有绝对自主产权，使之以较低的成本应用于研发创新，进而，高知识存量水平会促进内部研发创新商业化，提高新产品开发效率和创新产出。而高技术产业知识积累所拥有的专有性知识组织经验，亦有利于降低研发过程的单位成本、提高产业技术创新绩效，强力推进自主研发驱动创新产出。另一方面，内部 R&D 投入作为一种主要要素投入，符合边际报酬递减规律（Olof，2010），R&D 投入显然不是越多越好。当 R&D 投入超过一定程度后，边际成本会大于边际收益，出现 R&D 增长悖论（Dosi 等，2006；Braunerhjelm 等，2010），而当前这种 R&D 增长悖论在中国体现得越来越明显，即不断上升的 R&D 投资并没有转化成产出增长，尤其是高技术产业的主要的内部技术创新投资活动，这也和本书第 5 章一致。同时，当面临过高知识积累需求，在 R&D 投资与知识积累过程中可能存在着国家创新体系的系统失灵问题（Chen 和 Hou，2018），尤其我国创新体系尚处于构建和发展阶段中，很多创新政策和激励机制还存在诸多不完善的地方，由此产生大量 R&D 经费投入系统效率损失。目前，大部分发展中国家虽然开始由封闭式创新向开放式创新转变，逐渐重视外部研发和非研发渠道，但是创新活动仍然以传统的内部研发投入为主。因此，各地区高技术产业对内部 R&D 投入和创新应该保持在一个合理的范围内，力求保证内部 R&D 投入还存在很大的上升空间。

一般来说，在高技术产业创新实践中，外部知识源化和非研发创新是实现创新驱动发展的有效途径和转型策略，通过外部知识源化和非研发创新方式可以充分弥补创业自身创新资源和研发能力的不足，创造更多机会与外部知识源互动与获取新知识，降低企业的研发成本与研发风险，缩短创新周期，为产业培养自主研发能力提供更加优良的内部环境。随着产业知识积累水平的提高，恰当的外部知识源化和非研发是必要的。但就中国高技术产业实际情况看，知识积累、潜在创新能力的隐性及其与绩效并非直接关联，要么常常忽视知识积累活动，要么过度加强知识积累。因此需要注意相应地区知识积累过高或过低时，产业运用外部研发是很困难的，企业有时需要改变现有的生产技术，从而失去现有的知识积累优势，导致效率有可能下降（Chen 和 Hou，2018）。此外，过高的地区知识积累会面临消化吸收和知识产权两个方面的问题（侯建和陈恒，2017），过度依赖外部合作和技术获取可能又会损害产业进行自主研发的积极性，外部知识源化和非研发创新与内部研发的协同驱动效应中产生了替代作用（侯建和陈恒，2017）。同时，外部知识源化和非研发创新的重复交叉选择，多次引进，机制不当，成本增加，降低了多样化创新途径的正向协同溢出影响。只有依靠一定程度适当的知识基础，即地区知识积累控制和保持在一个合理的范围内，外部知识源化和非研发过程能够充分有效消化、吸收和转化外部获取的知识，使外部获取的知识成为企业实际拥有的资源，反过来增加企业知识积累存量，降低企业实行创新驱动的成本与风险。

6.4.2 时空异质性

表 6 - 6 中列示了各个年份不同区间的样本数量分布情况。总体上，中国大多数地区高技术产业的知识积累水平都处在较低门槛值水平。其中，无论自主研发创新、外部知识源化还是非研发创新，多数地区知识积累集中在低知识积累存量区间（KLA≤9.030，KLA≤9.136），以自主研发的知识积累地区为例，低知识积累地区数量为 128，占总数的 63.05%，并不利于产业内部自主研发和外部

非研发充分有效发挥创新驱动效应，相应驱动作用可能受到限制。同时，地区知识积累水平时间和空间的异质性，不同年份样本区间的分布存在差异，如2009年样本主要集中于低知识存量区间（KLA≤9.030），而样本最后两年2014年、2015年样本数量不断向中知识积累存量区间（9.030<KLA≤11.278）和高知识积累存量区间（KLA>11.278）集中，一定程度上有利于推动创新驱动发挥发展上升空间。

表6-6　不同门槛区间地区数目

	区间	2009年	2010年	2011年	2012年	2013年	2014年	2015年
自主研发创新/非研发创新	KLA≤9.030	21	21	21	20	16	15	14
	9.030<KLA≤11.278	7	7	7	8	12	12	13
	KLA>11.278	1	1	1	1	1	2	2
外部知识源化	KLA≤9.136	21	21	21	20	18	15	15
	9.136<KLA≤9.828	4	4	4	3	5	8	5
	PAT>9.828	4	4	4	6	6	6	9

时间变化上，2009~2015年我国大部分省份处于低知识积累地区，这个阶段我国大部分省份高技术产业创新路径驱动发展的正向影响较小；2014~2015年，我国地区知识积累水平有了显著提高，大部分省份转向中知识积累水平和高知识积累水平地区，此阶段各创新路径的内外部基础组合得到改善，强力推动了创新驱动效益的促进效应。2009~2015年，无论自主研发创新、外部知识源化还是非研发创新，高知识积累地区数量均呈现相对较小的比重，一定程度上还不会出现门槛特征效应带来的较大程度的负向机制。随着中国越来越注重创新策略转型和知识积累，这也需要引起足够重视，知识积累有一个逐渐积累的过程，具有阶段性发展的特性，而现阶段中国还需控制和保持在一个合理的范围内，警惕出现门槛特征效应带来的负向效应。

根据门槛等级，2009~2011年，绝大多数省份位于低知识积累（KLA≤9.030）地区，仅有广东、北京、上海、天津、山东、江苏、浙江和福建等八个省市的知识积累水平较高（9.030<KLA≤11.278，KLA>11.278），占比

27.59%，这些较早跨越较高知识积累水平的省份均属于东部及沿海地区，不仅知识积累水平较高，其高技术产业的研发资金、产业结构、人力资本、技术信息等较为完善合理，自主研发创新基础相对完善，加强自主研发创新所带动的创新驱动绩效增长作用比较明显。总体上多数地区的自主研发创新驱动作用仍然受限，至2013年中西部地区仅有河南、四川和湖北进入中知识积累地区。进而由表6-6也能看出跨过中高知识积累门槛值的省份在不断增加，至2015年，挤入中知识积累水平（$9.030 < KLA \leq 11.278$）地区的省份数量有较大增长，包括陕西、湖南、辽宁等。但中西部地区低知识积累地区仍有较大范围，这些省份由于地理位置、资金、人才、经济环境等因素影响，产业研发水平较低，知识和技术积累基础差，一定程度地加强企业内生知识积累及其利用会大力提升产业创新驱动绩效。应加快社会创新资源整合，加强东部和中西部联动，克服产业创新驱动发展的知识积累门槛约束，实现产业创新驱动转型与技术进步的跃迁。

6.5 稳健性检验

为了检验估计结果的稳健性，本书进一步并基于动态面板估计方法，采用目前动态估计模型中另一种较为经典和普遍的系统GMM估计方法对分区间的斜率系数进行再次估计检验，估计结果见表6-7。系统GMM估计结合了差分GMM与水平GMM，同样较好地处理了内生性问题，而且也可以有效反映产业创新驱动的前期依赖和动态变化特征。

由结果可知，根据地区知识积累划分门槛，将数据样本划分为低知识积累区间、中知识积累区间与高知识积累区间三种类型。总体上，随着地区知识积累水平的加强，自主研发和非研发创新中，知识积累存量越大，越有利于知识创新和技术进步，进而创新驱动效率提升越明显，而知识积累一旦突破了临界规模，这种促进效应进而转变为显著的负向影响作用。对于外部知识源化，当知识积累的门槛较低或过高时，外部知识源化创新驱动的正向作用均较小，而当位于适度的地区知识积累水平时（中知识积累区间），外部知识源化对创新驱动发展绩效的积极促进影响最大，进一步证明了上述的结论。

表6－7 模型稳健性检验

自主研发创新		外部知识源化		非研发创新	
变量	系数	变量	系数	变量	系数
DY L1.	－0.081*** (0.015)	DY L1.	－0.091*** (0.011)	DY L1.	－0.078*** (0.023)
DY L2.	0.112*** (0.009)	DY L2.	0.074*** (0.009)	DY L2.	0.112*** (0.015)
DRDH	－0.145** (0.063)	DRDH	－0.031 (0.082)	DRDH	－0.074 (0.072)
DAGG	0.297*** (0.071)	DAGG	0.254*** (0.073)	DAGG	0.224*** (0.068)
DSTR	0.011*** (0.002)	DSTR	0.011*** (0.002)	DSTR	0.011*** (0.002)
DMAR	0.368*** (0.115)	DMAR	0.120 (0.150)	DMAR	0.137 (0.132)
IRD（KLA≤9.030）	2.087** (0.947)	ERD（KLA≤9.136）	10.924 (7.164)	NRD（KLA≤9.030）	0.134 (0.892)
IRD（9.030<KLA≤11.278）	5.810*** (2.056)	ERD（9.136<KLA≤9.828）	16.097*** (5.439)	NRD（9.030<KLA≤11.278）	2.402** (1.165)
IRD（KLA>11.278）	－28.005*** (1.295)	ERD（KLA>9.828）	9.741 (12.553)	NRD（KLA>11.278）	－44.501*** (1.960)
cons	0.014 (0.009)	cons	0.012 (0.010)	cons	0.018*** (0.005)

总体而言，以系统GMM技术建模的再次估计结果与前文估计模型结果相比，各变量影响系数的符号、数值及显著性均未发生较大变化，总体估计结果基本一致。无论是以本书改进的动态门槛模型还是以系统GMM模型进行参数估计，检

验结果与前文分析结果不存在显著性差异，证明了前文的结论，基于知识积累异质性的创新路径对高技术产业创新驱动效率影响的动态门槛特征效应检验结果是稳健可靠的。

6.6 本章小结

本章以不同地区高技术产业知识积累异质性情景视角考虑，基于前文门槛要素理论和框架，改进并构建创新路径影响效应的非线性动态面板门槛模型，进一步深层次探究地区知识积累时空异质特征影响下的创新路径对高技术产业创新驱动效率影响效应中存在的动态异质门槛特征。研究表明：创新路径对高技术产业创新驱动效率的影响存在着显著的地区知识积累门槛特征效应；适度的知识积累水平更有利于创新路径充分发挥正向促进效应，而过高或较低的知识积累水平均会在一定程度上影响创新路径的驱动作用，反映知识积累对创新路径驱动作用存在“临界规模”，即存在创新驱动发展的地区知识积累最优区间（中知识积累区间）；随着地区知识积累水平的加强，三种创新路径驱动机制亦存在差异，自主研发和非研发创新中，知识积累存量越大，越有利于知识创新和技术进步，进而创新驱动效率提升越明显，而知识积累一旦突破了临界规模，这种促进效应进而转变为显著的负向影响作用。对于外部知识源化，当知识积累的门槛较低或过高时，外部知识源化创新驱动的正向作用均较小，而当位于适度的地区知识积累水平时（中知识积累区间），外部知识源化对创新驱动发展绩效的积极促进影响最大。因此，需要针对产业不同地区知识积累水平差异分布情况选择实施最优创新路径驱动地区发展。最后，地区知识积累有一个逐渐积累的过程，具有阶段性发展的特性，而现阶段中国还需控制和保持在一个合理的范围内，警惕出现门槛特征效应带来的负向效应。

第 7 章　推动高技术产业创新驱动发展的对策建议

在以上章节研究的基础上，本书通过对创新路径—驱动效率—效应分析研究，明晰了创新驱动发展下的创新路径对高技术产业创新驱动效率的影响效应问题，并分别针对本书高技术产业创新驱动发展的三方面主体——创新路径、驱动效率和其影响效应进行了综合比较分析，结合各章分析结果，本章侧重从优化各个关键问题的角度提出推动高技术产业创新驱动发展的有效措施体系，包括创新路径体系优化层面的保障对策、效率配置系统改进层面的深化提升政策与机制协作建设层面的全面推动对策建议，以期为高技术产业企业正确选择创新路径方式、动力来源及国家和地区有关部门相关政策设计提供科学的理论依据和决策借鉴，进而推动我国关键转型期间创新驱动的可持续发展。

7.1　优化创新路径体系保障高技术产业创新驱动发展

7.1.1　合理化自主研发创新路径内生支撑结构

创新驱动基于逐渐的、持续的技术与资本累积，具有阶段性发展特征，考虑短期和长期需求结合，加强优化创新驱动资源配置运营与管理，避免盲目资源投入，提高创新驱动规模经济性和可持续性，才能避免当前高技术产业创新驱动

“高投入、低效益”的实际问题。根据本书对创新路径的理论与实证研究结果，针对目前自主研发创新占有绝对优势情况下，尤其需要重视对其投入结构比例的合理化优化调整，一方面需要注重自主研发经费投入结构优化，另一方面使其时空分布结构平衡。适当控制过度研发投入和成本，需要建立起自主研发成本与收益以及各个地区分布间的“桥梁”，减少“割裂”。

首先，从高技术产业创新绝对总量上来看，自主研发创新投入是中国高技术产业创新发展的主导活动，是高技术产业创新驱动的主要范式。在高技术产业创新过程中，自主研发创新投入发挥着至关重要的作用。尤其是创新驱动发展的知识经济背景下，中国面临着向拥有自主知识产权和核心技术转型变革的关键问题与挑战，随着技术模仿和引进的空间逐渐缩小，高技术垄断性和限制更强，长期依靠引进技术驱动发展也会挤压我国自主研发技术的市场空间，削弱自主创新能力，使之处于产业链条中“低附加值加工者”的地位，陷入“落后—引进—再落后—再引进”的恶性循环，导致创新驱动发展的不可持续状态。因此，迫切需要把自主创新摆在突出位置，强调原始创新、集成创新和消化吸收再创新，而这一战略的核心和动力在于自主研发。自主研发不仅可以实现原始创新、知识创造，而且能够增强消化吸收外部技术和知识扩散再创新的能力，实现从技术引进型向自主研发和创新型的技术进步模式的转变，达到创新驱动的可持续增长。高技术产业作为技术和资金高度密集型战略产业，是推动要素驱动向创新驱动转变的核心力量，也是实施自主研发的先导和主要部门，截止到 2015 年底，我国高技术产业自主研发投入达到 2626.66 亿元，自主研发投入强度为 1.87% 左右，无论是绝对指标还是相对指标均显著提升，成为我国创新驱动发展、自主创新转型升级的坚实支撑。

其次，重要的是，尽管自主研发路径占有总量优势，但其研发强度与发达国家 2.5% ~4% 的平均水平相比，产业自主研发创新能力仍有待提高，缺乏高质量的自主研发创新是阻碍我国高技术产业科技创新绩效提升的重要原因，其结构仍然存在较多问题。

因此，一方面，高技术产业企业在投入结构优化上，作为主要要素投入部分，内部 R&D 投入一定程度上呈现边际报酬递减规律，应当注重成本与收益结构，避免盲目投入。而现在 R&D 增长悖论在中国高技术产业体现得越来越明显，即不断上升的 R&D 投资并没有转化成产出增长，尤其是高技术产业呈现绝对增长的内部创新投资活动。R&D 投入显然不是越多越好，当 R&D 投入超过一定程度后边际成本大于边际收益，合理降低研发投入反而会更为有效地促进创新发展。同时，针对 R&D 投资与知识积累过程，产业创新体系尚处于形成发展阶段中，产业创新政策和激励机制还存在诸多不完善的地方，无法充分有效推动研发资源转化为产出，由此产生内部 R&D 经费投入系统效率损失。由此，政府需要建立系统的自主创新投入运营监督管理机制，对以高技术产业为自主创新主体及外部合作机构的资金、人员设立科学精确的过程监督政策，充分高效运营自主创新资源配置状态、作用过程和驱动效率，避免盲目投资效应；政府应激励自主创新多元主体的协同创新，在重大自主创新项目立项、资金投入等方面对协同创新予以鼓励。产业应依靠本身不断完善的技术和经济基础，优化自主研发技术前沿投入，增加高科技创新驱动产出，并深化完善创新驱动产业化的中间环节，提高自主创新驱动转化率。总之，目前大部分发展中国家虽然开始由封闭式创新向开放式创新转变，逐渐重视外部研发和非研发渠道，但是创新活动仍然以传统的内部研发投入为主。因此，各地区高技术产业对内部 R&D 投入和创新应该保持在一个合理的范围内，力求保证内部 R&D 投入还存在很大的上升空间。

另一方面，在高技术产业企业时空分布结构差异调整上，中国高技术产业自主研发创新资金支出持续高速增长，且东部地区高技术产业自主研发创新长期保持绝对优势，远高于中西部地区，对于实行拥有自主知识产权和核心技术研发转型变革战略具有雄厚的资金支撑，成为自主创新驱动实现产业研发价值和地区发展的先导和主要地区。同时，随着技术模仿和引进的空间逐渐缩小，高技术垄断性和限制性更强，近些年中西部地区随着国家创新驱动战略的加大推进和扶持，创新基础环境和结构的进一步改善，在一定程度上表现出了自主研发力度不断增加的趋势，而东北地区受限于传统资源型、重化工经济结构和老工业基地的“黑色依赖”式的惰性发展，出现了个别年份降低的趋势，自主研发支持力度不足，需要引起重视。由于高技术产业技术自主研发创新路径非均衡性发展特点显著，东部区域远远高于中西部和东部地区，尤其是中西部多数地区还处于较为落后的自主研发状态，这些地区由于地理位置、资金、人才、经济环境等因素影响，产业研发水平较低，知识和技术积累基础差，一定程度地加强企业内生知识积累及其利用会大力提升产业科技绩效。应加快社会创新资源整合，加强东部和中西部联动，政府以及企业单位应不断鼓励东部和中西部在技术创新资金、人力、科研设施等合作平台，创造良好创新环境，以提高自主技术创新资金利用效率，克服产业自主研发的知识积累门槛约束，实现产业自主研发转型与技术进步的跃迁。

7.1.2 积极引导与健全外部知识源化创新路径开放转型

开放式创新使得高技术创新资源更为分散，技术研发周期和更新速度加快，研发时滞和风险因素加大，极大地影响了高技术产业创新收益，重视向外部知识源化和非研发的多样化路径转型，一方面弥补产业关键创新资源的缺失，另一方面扩展获取技术知识的途径，有效降低技术市场变化的成本风险。因此，在高技术产业创新实践中，外部知识源化和非研发创新既是一种创新的有效途径，又是一种创新的转型策略。充分利用外部知识源化和非研发创新弥补创业自身创新资源和研发能力的不足，以此应对创新日益增长的成本与技术复杂性。然而，根据前文研究显示，全国高技术产业外部研发支出在其总研发资金的占比却出现一定下降趋势，尤其是中西部地区在有限的创新投入资源基础上，外部合作投入资金进一步被挤压，外部知识源化路径的弥补效应无法得到有效利用，有必要引起高度重视。具体来说：

第一，产业企业方面。首先需要认清把握并合理规划长期高技术产业创新资源配置的知识技术要素格局变化及发展态势，适应变革传统内部资源为主的投入结构，提升创新驱动资源配置转化成效。其次应基于时空发展梯度差异，适当有效增加企业为获得相关的技术、知识、设备或创新产品而向其他企业、大学和科研院所等组织边界外部支付的研发费用比例，也包括合作研发比例，确保外部合作资源配置结构合理性，推动产业创新发展。最后由于核心技术突破环节成本高、难度大，产业也需要更多地推动内、外部 R&D 互补发展，充分发挥多样化创新途径的正向协同溢出效应。尽可能地利用外部知识源化和非研发创新为高技术产业自主研发提供更加优良的内部环境和基础，避免过度强化外部技术来源

“替代”影响，损害高技术产业自主研发的积极性。

第二，政府方面。政府作为主导调控角色，发挥其财政、税收、合作研发补贴减免等措施效应，促进引导企业向外部知识源化创新路径开放转型，并且需要进一步符合加强完善企业相应转型实践需求。例如对企业外部创新合作的产学研创新平台、技术联盟等具体活动进行地区资金资助，为产业企业展开技术创新合作提供良好的基础环境。

第三，地区差异方面。中西部及东北地区在研发经费、研发人员和专利产出方面比较优势并不是十分明显，中西部较落后地区可以通过在开放式创新方面做出努力，适当集中外部研发支出，在考虑自身创新资源和创新活动特征基础上，合理利用外部研发合作与联系与东部建立更多创新联动，充分发挥外部知识源化的弥补效应。东部地区更多的是以雄厚的技术水平为基础进行自主研发过程中对交叉领域的技术知识的补充与合作。

7.1.3 重视与完善非研发创新路径互补提升

首先，创新并不完全等同于研发，除了内外部研发之外，高技术产业还存在多种非研发投入用途。因此需要注重地区及产业研发投入和非研发投入的综合平衡，优化创新资源的投入结构，发挥非研发创新与研发创新互补提升效应，实现全面创新驱动发展。应对当前研发投入的为主的基础上，逐步重视非研发投入带来的推动创新发展效应，尤其要正确处理与优化调整非研发创新与外部知识源化、内部研发等多元投入结构机制，充分发挥多样化创新途径的正向协同溢出效应，提升非研发资源配置驱动成效；进一步建立完善高技术产业多样化创新路径的有效实施平台和监督机制，进行合理筛选、引进、改造与积累，通过合理适当分配研发与非研发创新路径协同，重复发挥系统的多元路径有效驱动创新绩效和创新转型。总之，高技术产业企业要尽可能地利用非研发创新为其自主研发提供更加优良的内部环境和基础，又要注意避免过度强化非研发技术来源“替代”影响，损害高技术产业自主研发的积极性。

其次，基于前文结果，地区创新发展的异质性严重情况下，非研发支撑非均衡性发展特点同时显著，需要注意区域间固有的经济差距梯度。东部发达地区不断加强对高技术产业科技研发投入和自主创新能力的重视，非研发创新路径长期被忽视，这也需要引起一定重视。而中西部和东北地区知识积累没有足够完善，面临开放式创新环境趋势，未来非研发创新虽然是产业积累与转型阶段驱动发展的有效创新因素和策略，但必须依靠一定知识基础，当产业积累了一定的知识技术研发基础（东部地区），有能力在研发上加大投入之后，产业内部知识积累会提高企业研发活动消化、吸收和转化外部获取的知识效率，反过来增加企业知识积累存量，为产业开展非研发提供坚实基础。同时，更为重要的是，根据非研发活动特点和结构，非研发活动地区集中和两极分化，也可能产生地区不断的重复引进、持续技术引进。地区在引进技术上与国外差距太大，后期没有能力或没有很好地通过消化吸收再创新转化为自己的专利技术，同时会伴随着知识产权两个方面的问题。尤其中西部地区必须加强对先进技术的消化吸收能力。在注重引进技术质量的同时，更应增强技术引进之后的消化吸收能力，利用反向工程提升二次创新能力，避免陷入引进—落后—再引进—再落后的技术引进陷阱，最终实现创新驱动发展的可持续增长。

7.2 改进效率配置系统深化高技术产业创新驱动发展

7.2.1 优化地区创新驱动投入时空组合

根据本书研究结果，高技术产业创新驱动效率时间上和空间上均呈现显著特点，应引起高度重视。要改进创新驱动效率，促使创新驱动资源得到充分的优化配置，首要的是优化地区创新驱动投入时空组合效益，应针对不同时间阶段和不同地区，开展有针对性的调整，促进创新驱动资源合理流动。

时间上，尽管高技术产业创新驱动效率呈现一定程度的增长上升趋势，且各时期基本保持了较为稳定的一致变化，但是本书发现总体上高技术产业创新驱动整体效率还处于较低水平，产业创新结构和投入产出综合效益不足，短时间内创新驱动效应发挥还不明显，资源投入成本、技术管理和规模改善均需要一定时间的发展余地。其中，纯技术效率远高于规模效率，虽然高技术产业整体处于规模持续改进状态，但并没有达到有效状态，创新驱动规模效应不足抑制了创新驱动效率的提高。高效的技术改革及产业创新驱动发展战略和管理水平强劲推动了高技术产业创新驱动效率增长，但长远来看，加大高技术产业技术创新驱动规模效益才能促进未来企业创新驱动持续发展。同时，未来工作方向也应不断改善高技术产业创新驱动的技术效率，在保持技术改进领先地位的同时仍需要重点提升各地区的规模效率，存在很大的改善空间，需要变革资源配置的规模和方向，优化创新驱动资源的配置结构，提高其利用效率，进而有效改善高技术产业创新驱动效率。

空间上，分布格局差异显著，高技术产业创新驱动效率东部地区显著高于中部地区，中部地区又高于东北地区，而西部地区最低，与东部地区差距明显，亟待进行产业创新驱动结构转型。我国东部区域多数省份创新资源优势非常显著，对于该地区在持续不断加强雄厚的知识技术积累、研发基础和资金水平和经济实力为基础外，还要注重规模效率的改善，进一步改善管理制度安排。而中西部受到地理位置、资金、人才、经济环境等因素影响，产业技术基础差，创新要素限制多，技术创新能力较弱，创新驱动效率低，亟待进行产业创新驱动结构转型。因此，中西部地区的省份需要不断提升创新基础环境，借助国家开发支持优势政策上大力吸引创新投资和人才建设，保持较为稳定的人力与资金的最佳匹配；更为重要的是，这些地区有效发挥创新驱动效应还需要在当地政府和产业进行围绕扩大创新生产规模导向下的共同努力，以促进中西部地区创新驱动的有效发展。

7.2.2 营造有效的环境配置体系

创新驱动是一个复杂的系统过程，由于区域创新系统内外部环境复杂多变，高技术产业创新驱动融入众多复杂环境因素影响：政府资源配置合理性、要素禀赋结构差异、市场波动及国际化竞争及知识转移复杂多变等，是其创新驱动发展过程的重要波动影响条件。本书研究也表明，环境因素对高技术产业创新驱动效率的改进存在显著影响，需要高度重视和控制环境因素影响。具体来说，本书认为：第一，充分发挥政府扶持作用，提供必要的资金保障和政策支持。政府贯穿创新驱动的始终，知识和资金密集的高技术产业创新驱动离不开政府政策倾向、资金与人才体系支撑。政府需要切实应对高技术产业创新实际，对应实行系统的创新驱动政策，完善健全创新驱动活动的行业与地区政府资助结构，引导调节创新资源有效配置，避免研发资源无法充分有效转化为产出而导致经费投入系统效率损失。同时进一步协调和引导知识高技术产业创新生产方式和转化应向更科学化、集约化以及持续化发展，实现高技术产业升级优化和区域经济的可持续发展。第二，保证合理公平的市场创新环境，在保证高质量竞争基础上，避免创新驱动在经费、人员基础资源配置和知识成果运用上的浪费，提高管理配置资本能力。同时，适度提高集中和垄断的市场结构能够优化企业的创新驱动投入配置，使得创新资源较为集中，有效推动自主知识产权发展，进而改善创新驱动效率。第三，注意调整高技术产业外资结构，健全外资审查体系，提高外资引入质量，避免外资转移结构偏重造成的专利围墙和挤出效应（曾诗鸿等，2014）。第四，高技术产业劳动与资本转化结构还存在一定程度的不合理比例，传统的资本要素相应的冗余浪费过剩也会随之增多，资本密集的驱动需要控制合理程度，提高创新型资本深化效率。第五，现阶段高技术产业应不断加大重视出口贸易战略，高技术产业的出口导向有利于推动创新驱动资源的有效配置，适当加强出口贸易可以通过学习效应、出口规模效应和出口竞争效应促进全要素生产率的增长，进而在知识技术和研发经费管理体系配置上逐步改善，带动创新驱动资源的有效利用。

7.2.3 坚持加大高技术产业消化吸收力度

开放创新下的高技术产业创新驱动系统，强化创新驱动效率不仅要积累自身的技术实力，非研发创新在创新驱动中扮演重要角色，而且在一些条件下优于研发创新，对产业企业创新能力和绩效具有重大影响。其中，尤其需要通过非研发中较强的技术消化开发转化为自主知识产权的核心技术，抢占高技术产业技术创新制高点。由此，各地区高技术产业应完善创新驱动模式，始终坚持加强对技术引进和消化吸收再创新的管理，才能充分发挥出消化吸收和再创新效益，保证长期后发技术优势。

相对于发达国家，多数发展中国家位于国际分工体系的低端位置，高技术产业面临着较大的技术进步的“机会窗口”，使得产业可以利用空前的技术引进总量以及外部合作等创新范式在短期内缩小与发达国家间在技术水平上的差距。实践中，中国高技术产业整体创新资源地区分配不均，同时大部分高技术产业受自身资源条件限制，研发基础薄弱，研发强度仅为1.78%左右，与发达国家2.5%~4%的平均水平相比，产业整体研发创新能力还有很大差距；而近年来，中国高技术产业受到产品生命周期缩短、自主创新不足和国际技术产权壁垒等限制，加之能源紧缺、资源昂贵以及环境保护压力等紧迫问题，相应驱动作用可能受到限制。因此，尤其是创新水平较弱的地区，高技术产业非研发创新活动中大多选择引进国外技术而不是购买国内技术或者进行自主研发，而这些技术属于国内尚没有掌握的产业关键技术或者核心技术；根据统计显示（2015），高技术产业技术引进经费投入为631031万元，而其消化吸收经费支出仅为172664万元，仅为其1/6左右。中国在这些技术上与国外差距太大，后期没有能力或没有很好地通过消化吸收再创新转化为自己的专利技术，只能通过不断地重复引进、持续技术引进，而跨国企业又在不断地加快技术更新速度，迫使中国在国际化垂直分工模式中一直被锁定在低端位置，进而更制约着高技术产业的创新驱动发展。

对于此，首先，高技术产业要坚持加大高技术产业消化吸收力度，调整技术引进政策，加大消化吸收资金配比，更加注重消化吸收；建立引进吸收质量审查考核体系，注意引进技术的质量和水平，避免重复交叉引进。其次，长期上，高技术产业要制定技术引进消化吸收的再创新战略计划，充分吸收引进的技术精髓，对消化吸收的技术进行内生转化，实现再创新。最后，注意避免技术引进及消化吸收中产生“路径依赖”效应，处理好产业自主研发和技术引进、消化吸收的替代作用，优化创新路径驱动效应。总之，在以多元化开放创新的基础上，中国高技术产业尤其需要注重技术引进后及时强化吸收消化经费支出力度，在注重引进技术质量和水平的同时，更应增强技术引进之后的消化吸收能力，利用反向工程提升二次创新能力，避免陷入引进—落后—再引进—再落后的技术引进陷阱，最终实现创新驱动发展的可持续增长。

7.3 完善机制协作全面推动高技术产业创新驱动发展

7.3.1 注重地区知识积累时空差异机制

首先，总体上，作为创新驱动的深层次基础，知识积累通常既能促进产业现实创新驱动能力提高，同时也是产业未来发展的潜在战略储备能力。根据本书知识积累门槛特征研究结果，由于地区知识积累产生显著的门槛机制效应，而就中国高技术产业实际情况看，知识积累、潜在创新能力的隐性及其与绩效并非直接关联，要么常常忽视知识积累活动，要么过度加强知识积累，影响产业持续创新驱动能力，无法有效达到创新驱动的最优效益化。因此，高技术产业需要从战略发展的高度审视知识积累，优化技术知识的扩散、吸收及传承积累，平衡高技术产业创新基础，保证长期创新驱动的可持续性。

其次，时间上，随着中国越来越注重创新策略转型和知识积累，这也需要引起足够重视，知识积累有一个逐渐积累的过程，具有阶段性发展的特性，而现阶段过高或较低的知识积累水平均会在一定程度上影响创新路径的驱动作用，反映知识积累对创新路径驱动作用存在“临界规模”，即地区高技术产业知识积累只有保持在适当临界规模内，才最有利于产业内外部知识创新和技术进步，进而使创新驱动发展绩效提升越明显。因此，现阶段中国的知识积累还需控制和保持在一个合理的范围内，警惕出现门槛特征效应带来的负向效应。

最后，空间上，需要针对不同发展阶段和不同地区知识积累水平差异分布情况选择实施最优创新范式。从地区知识积累异质性情况来看，省际差异特征显著。知识积累雄厚地区，例如北京、上海等少数经济发达的东部沿海省份，由于研发资金、产业结构、人力资本、技术信息等接近发达国家水平，知识积累基础完善，自主研发投入水平也较高，加强知识积累所带来的内生自主创新的驱动作用一定程度上反而会引起临界规模带来的边际递减效应，应尽可能合理选择开放多元创新模式，整合技术创新资源创造自主创新持续驱动效应的新的增长点，或者平衡知识积累力度，不断完善与技术相关的制度安排，在以自主研发为主的基础结构上适当进行开放创新转型，以最优创新结构促进本地区高技术产业创新发展。而中西部地区低知识积累地区省份由于地理位置、资金、人才、经济环境等因素影响，产业研发水平较低，知识和技术积累基础差，一定程度地加强企业内生知识积累及其利用会大力提升产业创新驱动绩效。同时，也应加快社会创新资源整合，促进东部带动和中西部崛起联动发展，为优化地区知识积累水平创造良好的条件，克服产业创新驱动发展的知识积累门槛约束，实现产业创新驱动转型与技术进步的跃迁。

7.3.2 培育和优化多样化创新途径及协同

准确把握发展中国家创新转型发展趋势，充分发挥多样化创新途径的正向协同溢出效应。随着地区创新水平不断提高，在优化自主研发结构的同时，保障和提高外部知识源化和非研发创新的驱动作用的发挥，实现中国有效创新策略转型。充分利用外部知识源化和非研发创新弥补创业自身创新资源和研发能力的不足，以此应对创新日益增长的成本与技术复杂性。开放式创新使得高技术创新资源更为分散，技术研发周期和更新速度加快，研发时滞和风险因素加大，极大地影响高技术产业创新收益，重视外部知识源化和非研发的多样化路径，一方面弥补产业关键创新资源的缺失，另一方面扩展获取技术知识的途径，有效降低技术市场变化的成本风险。因此，这就需要不断改善发展中国家高技术产业自身资源条件，重视一定的研发基础，提高政府政策倾向、税收、资金等，改善发展中国家高技术产业创新环境，为高技术产业展开外部知识源化和非研发活动形成规模效应和良好基础条件。

同时，重要的是，产业企业更加需要正确处理外部知识源化、非研发创新与内部自主研发之间的关系，优化创新路径选择组合协同，尽可能地利用外部知识源化和非研发创新为高技术产业自主研发提供更加优良的内部环境和基础，而避免过度强化外部技术来源“替代”影响，损害高技术产业自主研发的积极性；进一步建立、完善高技术产业多样化创新路径的有效实施平台和监督机制，进行合理筛选、引进、改造与积累。通过合理适当分配多样化创新路径协同，在高技术产业具备发达的自主研发创新能力和完善的关键核心技术体系基础上，逐步转向系统的多元化创新路径来有效驱动创新绩效和创新转型。

7.3.3 深化拓展创新驱动的开放网络合作机制

由前文理论与实证结果表明，高技术产业由封闭式创新向开放式创新转型过程中，自主研发创新并不是高技术产业仅有的创新路径选择，同外部开放合作与联系也是有效创新驱动策略。战略性技术性产业的技术创新并不是孤立的，一定程度上是与外部产业及研究机构的协同。因此，一方面，在支持高技术产业企业建立独立的研发机构开展自主创新基础上，促进与高校、研究机构实行协同技术创新、共同研究、战略联盟、区域集群等多类型合作，构建系统的多元化开放式产学研合作创新网络。对于合作创新的伙伴主体，应当基于高技术产业实际创新趋势和需求变动，合作补充完善各方创新驱动涉及的资金、人力等基础环境体系，节约化、集中化技术和资源成本，实现开放式创新网络全覆盖，联合驱动高技术产业前沿知识技术开发突破和市场价值，共同推动高技术产业创新驱动发展。而且，为更好地推动高技术产业技术转化运营发展，通过完善产学研各方合作驱动机制，推动开发研究与生产有机联系，最终增强产业协同创新驱动效应。另一方面，积极营造有利于高技术产业外部网络合作发展的外部环境和基础条件。充分发挥政府在企业拓展合作过程中的引导作用，制定拓展激励措施，加强配套环境体系建设。首先应针对拓展开放网络合作机制发展的需要制定合理的激励政策，不断完善技术交流与扩散、资源整合与优化、降低合作创新成本等环节，通过减免税收、成本补贴等政策激励进行多元路径体系的开放式网络合作，实现合作主体创新效益共赢；其次应注重适当地协调规制，在地区及产业企业多元合作间，通过协调规范合作体系各方的建设规制，协调合作过程中产生的矛盾，使地区多元实现路径体系的发展方向符合国家长远创新目标，促进高技术产业开放网络合作机制持续健康发展，持续推动国家多元实现路径体系机制发展。

7.3.4 保障和改善人力资本驱动的支持体系

实施创新驱动发展战略，人才是基础和关键，创新驱动是离不开人才驱动的内生支持的。尤其对于高技术产业特有的高技术人才与资源需求，一定程度上来说，相比传统产业，高技术产业的研究与开发、知识生成、商业化及产业化的各个环节都是通过高智力活动来实现的，其实施主体都是高技术人才。研发人力资本作为知识生产的基础要素之一，和各种资金投入一致，直接影响到企业创新发展。本书的驱动作用实证研究也充分证实了这一点。但门槛特征实证研究也发现对于高技术产业创新人才的支持效应还没有充分发挥出来。

因此，保障和改善产业人力资本投入结构，考虑产业人力资源内部培育与外部开发协同，需要同时加大培养和引进创新人员力度，提高创新团队整体科研素质。从短期来看，地区政府及产业企业应优化重视创新型人才培养和引进体系，通过建立健全人才激励机制、创新利益分配机制来激励引导各类人才自主创新的积极性和主动性，以及促进高技术产业人才和团队之间合作互补，优化产业拥有的高强度创新型人力结构；从长远来看，应积极推动教育体制深化改革，加强创新人才的技能培训，培养出更多适应高技术产业企业需求的技术型人才和创新型人才，推动高技术产业创新人才培养与实际专项创新需求的相适应性，提高团队整体创新效率，并结合与尊重创新人才自身发展，协调长远人才建设战略，奠定创新硬实力。最后为满足创新驱动的开放网络合作机制，因此产业企业应不断深入探索与引导政府、高校、研究机构的优秀创新人才与其有机联合。利用产学研合作培养创新型人才，构建由政府统筹、行业主导、校企合作的长效人才机制，通过探索“人才 + 项目”、产业技术联盟模式、各类众创空间、科技企业孵化器、加速器等科技人才培养模式，改善企业人力资源结构，增强企业创新驱动发展的人力支持效应。

7.3.5 健全创新驱动风险控制系统机制

由前文研究显示创新驱动是一个复杂的系统过程，由于区域创新系统内外部环境复杂多变，高技术产业创新驱动融入政策配置、市场波动、国际化竞争及知识转移复杂多变等众多风险成本。因此，高技术产业的创新驱动发展需要对其面临的各种风险和具体创新实践合理判断与决策，建立自身的风险管理控制机制，避免效率损失，有效推动产业创新驱动发展。

首先，积极探索推进制度创新，通过健全风险保障制度，培育促进地区高技术产业创新发展的有序市场环境。政府应对创新体制进行深化改革，通过加快健全和完善创新风险保障立法，消除创新驱动的行政壁垒和不利的体制保护因素，放宽民间创新资本的准入，鼓励民企、外资等各类企业参与各地区创新发展，营造地区高技术产业实施创新驱动的公平有序的竞争市场。同时，政府应鼓励和引导企业利用市场需求机制，通过创新资本运作平台进行改制、重组或并购，适当加强地区行业集中度和竞争活力，促进企业间隐性知识的交流和传播，强化企业危机意识；通过立法、政策和制度缓解地区技术创新垄断，增强竞争质量，避免和降低价格竞争、低技术数量竞争等过度竞争；建立健全适度的知识产权保护机制，在促进地区产业技术创新合作交流的基础上，降低技术创新主体的维权成本，严厉打击侵权行为，保护创新驱动主体的合法权利，规范市场体系，促进地区创新市场的有效竞争；通过有效的财政金融制度奖励和产权补偿制度分散风险成本，补充保障创新驱动。

其次，建立为产业企业创新驱动服务的创新风险信息预警中心。由于创新驱动是一个复杂的系统过程，且区域创新系统内外部环境复杂多变，高技术产业创新驱动融入众多复杂环境因素影响，加之目前随着知识和创新成果扩散，技术外溢速度加快，创新生命周期缩短，单个企业容易产生对外部创新形势和市场趋势的误判，导致创新行动的盲目性和同质化竞争严重等问题。政府扶持产业建立有关创新发展和市场变化趋势的宏观信息预警中心，发布创新市场现状和预期趋势，对产业企业创新驱动提供相应的宏观环境、市场和竞争等方面的信息，有助于企业做出正确的创新决策。

最后，完善区域创新风险系统，使区域内的不同类型、不同机构以及不同地区实现互动，培育系统内风险应对合作与互动机制。通过建立区域创新风险系统，增加应对创新风险的多元化途径，系统内还可能实现创新资源的互补和共享，弥补单一企业应对风险失败率和机会成本较高的缺陷。利用完善的区域创新风险合作体系，企业应对全球竞争、金融和经济的不确定性、快速和根本性的技术变革以及降低投资风险，推动整体创新驱动体系可持续发展。

7.4 本章小结

在前文研究结果的基础上，本章对推动高技术产业创新驱动发展的对策进行分析，分别针对本书高技术产业创新驱动发展的创新路径、驱动效率和其影响效应三个主体方面，侧重从优化各个关键问题的层面提出推动高技术产业创新驱动发展的有效措施体系：在创新路径体系优化的保障层面，建议高技术产业合理化自主研发创新路径内生支撑结构，并且采取措施积极引导与健全外部知识源化创新路径开放转型和重视与完善非研发创新路径互补提升；在效率配置系统改进的深化提升层面，建议产业及地区政府部门注重优化地区创新驱动投入的时空组合，营造有效的环境配置体系并且坚持加大高技术产业消化吸收力度；在机制协作建设的全面推动层面，分别从创新驱动发展背景下高技术产业作用机制的五个有效推动方面给出建议，包括注重地区知识积累时空差异机制、培育和优化多样化创新途径的协同、深化拓展创新驱动的开放网络合作机制、保障和改善人力资本驱动的支持体系和健全创新驱动风险控制系统机制。通过上述有效措施的提出和分析，以期为高技术产业企业正确选择创新路径方式、动力来源及国家和地区有关部门相关政策设计提供科学的理论依据和决策借鉴，进而推动整体创新驱动可持续有效发展。

结　论

本书以创新驱动发展的可持续多元转型的问题为背景，以我国高技术产业为研究对象，以探索关键转型期间国家创新驱动发展的路径选择、动力来源与政策设计为研究目的，采用时空异质指数与构造图法、处理环境效应和随机误差的综合测度方法、面板数据统计与回归基本模型选择处理方法、动态门槛估计技术和比较分析法等，按照高技术产业创新路径—驱动效率—效应分析—比较研究的脉络对创新驱动发展下的创新路径对高技术产业创新驱动效率的影响效应问题进行研究。通过归纳国内外创新驱动相关研究和理论解析，在构建概念模型与理论框架基础上，明晰高技术产业创新路径战略发展趋势、地区异质性和时空格局演化特征，探究高技术产业创新驱动发展的效率差异、时空变化及技术来源体系，并比较和剖析创新路径对创新驱动效率的不同驱动机制效应及其异质性影响下的深层次门槛特征规律和差异，以此提出推动高技术产业创新驱动发展有效匹配策略，有效拓展技术进步路径、创新驱动能力以及创新发展问题研究外延，完善和丰富了封闭式创新向开放式创新转型背景下的多样化创新路径理论与实践研究。本书研究得到以下主要结论：

（1）总结出高技术产业创新路径是在特定的技术范式下，为实现高技术产业创新驱动发展战略目标，在技术创新过程中根据自身技术状态、积累优势和长远计划而持续采取并形成的创新方法、手段或者模式集合等行为体系。构建出创新路径分类与结构体系主要为研发创新和非研发创新，其中研发创新又分为自主研发和外部知识源化，前者是主要的内部技术来源，表示为内部研发支出，后者主要进行委托技术开发或合作研发，表示为外部研发支出。非研发创新包含技术改造、引进技术、消化吸收和购买国内技术，均属于外部技术来源。同时，认为创新驱动效率就是科技创新要素投入与由此带来的经济增长规模提高与发展质量提升的比率关系，本质上是科技创新要素驱动经济增长的贡献度。此外，界定了发展门槛概念是指创新方式的选择必须具备相适应的技术能力，即无论何种创新路径，都必须与产业所拥有的资源禀赋和技术发展水平相适应。在此基础上，构建了高技术产业创新驱动发展机理主要研究关键问题，包含创新路径、驱动效率和其间的影响效应作用，形成“创新路径体系”和“创新驱动效率体系”的两条辅线基础上，主体为创新路径对高技术产业创新驱动效率的驱动作用包含线性驱动影响及其协同交互驱动和深层次异质门槛特征效应两个方面。

（2）明晰了高技术产业创新路径战略发展趋势、地区异质性和时空格局演化特征。总体上来说，高技术产业创新路径非均衡性发展特点显著，总体趋势特征呈现越来越重视内部创造和自主技术开发。同时，外部知识源化和非研发创新投入支出在高技术产业科技活动经费中仍然占有一定比例，有必要引起高度重视。而且，地区异质性显著，东部地区开展创新经费远高于中西部地区，而中西部地区及东北地区在非研发创新投入上的比重要高于东部地区。三种路径时空演化发展态势也存在差异，自主研发路径省份间相对差异逐渐缩小，空间集中度有所下降，未来被少数省份所占有的状态会不断被分化。而外部知识源化和非研发省域间相对差异呈现逐渐扩大状态，在地理空间上也趋于集中，未来趋向于差距分化和少数地区占有程度进一步扩大态势。

（3）探究了高技术产业创新驱动发展的效率差异、时空变化及技术来源体系，得到以下结论：①考虑处理环境效应和随机误差的高技术产业创新驱动效率出现显著变化，环境因素影响造成明显偏差；②总体上，2009～2015 年高技术产业的创新驱动整体效率还处于较低水平，存在较大发展空间；③纯技术效率改进显著优于规模效率，是其创新驱动发展绩效提升的主要动力来源；④高技术产业创新驱动效率时间上呈现一定程度的增长上升趋势，且各时期基本保持了较为稳定的一致变化；⑤空间差异显著，高技术产业创新驱动效率排名最高的 6 个省份分别是广东、江苏、北京、上海、山东及天津，而排名最低的 5 个省份分别是云南、甘肃、海南、宁夏及新疆。东部地区显著高于中部地区，中部地区又高于东北地区，而西部地区最低，亟待进行产业创新驱动结构转型。

（4）比较和剖析了创新路径对高技术产业创新驱动效率的不同驱动机制效应，从线性驱动及其协同交互驱动两个方面研究结果表明：高技术产业现阶段自主研发创新结构还存在一定不合理情况，呈现微弱的负向效应；产业通过外部知识源化和非研发创新整体上对创新驱动绩效产生了显著的正向影响，需要引起足够的重视和利用；而现阶段中国高技术产业自主研发创新、外部知识源化与非研发创新之间的协同驱动效应呈现一定程度的负向作用，多样化有效创新路径正向协同效应没有得到充分发挥。

（5）以不同地区高技术产业知识积累异质性特征视角，进一步探究知识积累时空异质特征影响下的创新路径对高技术产业创新驱动效率影响效应中存在的深层次动态门槛特征规律和差异，研究表明：创新路径对高技术产业创新驱动效率的影响存在着显著的地区知识积累门槛特征效应；适度的知识积累水平更有利于创新路径充分发挥正向促进效应，而过高或较低的知识积累水平均会在一定程度上影响创新路径的驱动作用，反映知识积累对创新路径驱动作用存在“临界规模”，即存在创新驱动发展的地区知识积累最优区间（中知识积累区间）；随着地区知识积累水平的加强，三种创新路径驱动机制亦存在差异，自主研发和非研发创新中，知识积累存量越大，越有利于知识创新和技术进步，进而创新驱动绩效提升越明显，而知识积累一旦突破了临界规模，这种促进效应进而转变为显著的负向影响作用。对于外部知识源化，当知识积累的门槛较低或过高时，外部知识源化创新驱动的正向作用均较小，而当位于适度的地区知识积累水平时（中知识积累区间），外部知识源化对创新驱动发展绩效的积极促进影响最大。因此，需要针对产业不同地区知识积累水平差异分布情况选择实施最优创新路径驱动地区发展。地区知识积累有一个逐渐积累的过程，具有阶段性发展的特性，而现阶段中国的知识积累还需控制和保持在一个合理的范围内，警惕出现门槛特征效应带来的负向效应。

（6）紧密结合研究结论，本书提出推动高技术产业创新驱动发展的有效措施。在创新路径体系优化的保障层面，建议高技术产业合理化自主研发创新路径内生支撑结构，并且采取措施积极引导与健全外部知识源化创新路径开放转型和重视与完善非研发创新路径互补提升；在效率配置系统改进的深化提升层面，建议产业及地区政府部门注重优化地区创新驱动投入的时空组合，营造有效的环境配置体系并且坚持加大高技术产业消化吸收力度；在机制协作建设的全面推动层面，分别从创新驱动发展背景下高技术产业作用机制的五个有效推动方面给出建议，包括注重地区知识积累时空差异机制、培育和优化多样化创新途径的协同、深化拓展创新驱动的开放网络合作机制、保障和改善人力资本驱动的支持体系和健全创新驱动风险控制系统机制。

本书对高技术产业创新驱动发展的路径、驱动效率及其影响效应的研究内容和结论得到了现有理论和实践数据的支持，也是对产业创新驱动发展研究的一个尝试，但由于高技术产业在创新驱动发展中的特殊地位、复杂性和变化性，加之客观条件和个人研究能力限制，本书在研究过程中仍存在一些不足之处，主要有以下三点：

（1）样本选取上，受制于公开统计资料的统计指标变动、基期数据处理的时滞效应、全部指标统计口径一致性和变量数据的可获得性、可测度性以及产业相关经验特征等主客观限制，为确保实证结果的有效性和稳健性，本书以高技术产业企业作为考察对象，研究范围从2008～2009年延伸至2014～2015年，在后续的研究中，可以进一步深入调研和扩大研究行业领域，对更广泛的不同行业企业进行对比分析，并且通过统计方法和指标定量技术的不断改进，获取更加近期和全面的统计指标，更为准确地研究创新驱动发展问题。

（2）本书立足于中国高技术产业实际发展和变化情况，并且根据国家统计局数据库、发展报告及年鉴统计资料，同时进行文献研究和理论解析，将高技术产业创新路径划分为内部来源的自主研发和外部来源的外部知识源化和非研发三种主要路径为创新路径研究范围，由于不同国家地区、不同产业企业可能还存在更具体的差别，一定程度上没有把更全面的细分和整合的创新路径及其之间的关系考虑在内，这也是未来进一步研究的方向。

（3）创新驱动是一个复杂的系统过程，由于区域创新系统内外部复杂环境多变，高技术产业创新驱动融入众多复杂因素影响，体现为创新驱动效率的环境因素和影响效应的门槛特征因素可能存在基于本书考虑视角以外的其他因素的影响效应。随着数据统计技术和模型计量方法日趋完善，在今后的研究中可以将更多其他因素纳入模型中，进一步探索更为完善的、具体的系统影响机制效应。

参考文献

[1] Arellano M, Bond S. Some Tests of Specification for Panel Data: Monte Carlo Evidence and an Application to Employment Equations [J]. The Review of Economic Studies, 1991, 58 (2): 277-297.

[2] Afriat S N. Efficiency Estimation of Production Functions [J]. International Economic Review, 1972 (2): 568-598.

[3] Aigner D, Lovell C A K, Schmidt P. Formulation and Estimation of Stochastic Frontier Production Function Models [J]. Journal of Econometrics, 1977, 6 (1): 21-37.

[4] Agarwal S, Krishna Erramilli M, Dev C S. Market Orientation and Performance in Service Firms: Role of Innovation [J]. Journal of Services Marketing, 2003, 17 (1): 68-82.

[5] Andergassen R, Nardini F. Endogenous Innovation Waves and Economic growth [J]. Structural Change and Economic Dynamics, 2005, 16 (4): 522-539.

[6] Acemoglu D, Aghion P, Zilibotti F. Distance to Frontier, Selection, and Economic Growth [J]. Journal of the European Economic Association, 2006, 4 (1): 37-74.

[7] Alves J, Marques M J, Saur I, et al. Creativity and Innovation Through Multidisciplinary and Multisectoral Cooperation [J]. Creativity and Innovation Management, 2007, 16 (1): 27-34.

[8] Arundel A, Bordoy C, Kanerva M. Neglected Innovators: How do Innovative firms that Do Not Perform R&D Innovate [J]. Results of an Analysis of The Innoba-

rometer, 2007 (9): 24 - 36.

[9] Ang S H. Competitive Intensity and Collaboration: Impact on Firm Growth across Technological Environments [J]. Strategic Management Journal, 2008, 29 (10): 1057 - 1075.

[10] Ang J B. Financial Development, Liberalization and Technological Deepening [J]. European Economic Review, 2011, 55 (5): 688 - 701.

[11] Andergassen R, Nardini F. Endogenous Innovation Waves and Economic growth [J]. Structural Change and Economic Dynamics, 2005, 16 (4): 522 - 539.

[12] Brucker P F. Post - capitalist Society [M]. New York: Butterworth Heineman, 1993.

[13] Brouwer E, Kleinknecht A. Measuring the Unmeasurable: A country's Non - R&D Expenditure on Product and Service Innovation [J]. Research Policy, 1997, 25 (8): 1235 - 1242.

[14] Blomström M, Sjöholm F. Technology Transfer and Spillovers: Does Local participation With Multinationals Matter? [J]. European Economic Review, 1999, 43 (4 - 6): 915 - 923.

[15] Bottazzi G, Dosi G, Lippi M, et al. Innovation and Corporate Growth in The Evolution of The Drug Industry [J]. International Journal of Industrial Organization, 2001, 19 (7): 1161 - 1187.

[16] Becker W, Dietz J. R&D Cooperation and Innovation Activities of Firms—evidence for The German Manufacturing Industry [J]. Research Policy, 2004, 33 (2): 209 - 223.

[17] Bakan I, Yildiz B. Innovation Strategies and Innovation Problems in Small and Medium - sized Enterprises: An Empirical Study [M]. Aydogan N. Innovation Policies, Business Creation and Economic Development. New York: Springer, 2009.

[18] Braunerhjelm P, Acs Z J, Audretsch D B, et al. The Missing Link: Knowledge Diffusion and Entrepreneurship in Endogenous Growth [J]. Small Business Economics, 2010, 34 (2): 105 - 125.

[19] Barge – Gil A, Jesus Nieto M, Santamaria L. Hidden Innovators: The role of non – R&D Activities [J]. Technology Analysis & Strategic Management, 2011, 23 (4): 415 – 432.

[20] Beaudry C, Allaoui S. Impact of Public and Private Research Funding on Scientific Production: The Case of Nanotechnology [J]. Research Policy, 2012, 41 (9): 1589 – 1606.

[21] Berchicci L. Towards an Open R&D System: Internal R&D Investment, External Knowledge Acquisition and Innovative Performance [J]. Research Policy, 2013, 42 (1): 117 – 127.

[22] Broekel T. Do Cooperative Research and Development (R&D) Subsidies Stimulate Regional Innovation Efficiency? Evidence from Germany [J]. Regional Studies, 2015, 49 (7): 1087 – 1110.

[23] Charnes A, Cooper W W, Rhodes E. Measuring the Efficiency of Decision – making Units [J]. European Journal of Operational Research, 1978, 2 (6): 429 – 444.

[24] Cohen W M, Levinthal D A. Innovation and Learning: The Two Faces of R&D [J]. The economic Journal, 1989, 99 (397): 569 – 596.

[25] Cohen W M, Levinthal D A. Absorptive Capacity: A New Perspective on Learning and Innovation [J]. Administrative Science Quarterly, 1990, 35 (1): 128 – 152.

[26] Cho D H, Yu P I. Influential Factors in The Choice of Technology Acquisition mode: An Empirical Analysis of Small and Medium Size Firms in The Korean Telecommunication Industry [J]. Technovation, 2000, 20 (12): 691 – 704.

[27] Carayannis E G, Alexander J. Is Technological Learning a Firm Core Competence, When, How and Why? A Longitudinal, Multi – industry Study of Firm Technological Learning and Market performance [J]. Technovation, 2002, 22 (10): 625 – 643.

[28] Chesbrough H. Open innovation, The New Imperative for Creating and Profiting from Technology [M]. Harvard Business School Press, 2003.

［29］ Caloghirou Y, Kastelli I, Tsakanikas A. Internal Capabilities and External Knowledge Sources: Complements or Substitutes for Innovative Performance? ［J］. Technovation, 2004, 24 (1): 29 -39.

［30］ Cheung K, Ping L. Spillover effects of FDI on Innovation in China: Evidence from The Provincial Data ［J］. China Economic Review, 2004, 15 (1): 25 -44.

［31］ Cassidy M, Görg H, Strobl E. Knowledge Accumulation, and Productivity: Evidence from Plant - level Data for Ireland ［J］. Scottish Journal of Political Economy, 2005, 52 (3): 344 -358.

［32］ Coelli T J, Rao D S P, O' Donnell C J, et al. An Introduction to Efficiency and Productivity Analysis ［M］. Springer US, 2005.

［33］ Chesbrough, H, Vanhaverbeke, W, West, J Open Innovation: Researching a New Paradigm ［M］. Oxford University Press, 2006.

［34］ Cassiman B, Veugelers R. In Search of Complementarity in Innovation Strategy: Internal R&D and External Knowledge Acquisition ［J］. Management science, 2006, 52 (1): 68 -82.

［35］ Chen C J, Wu H L, Lin B W. Evaluating The Development of High - tech Industries: Taiwan's Science Park ［J］. Technological Forecasting and Social Change, 2006, 73 (4): 452 -465.

［36］ Calantone R J, Stanko M A. Drivers of Outsourced Innovation: An Exploratory Study ［J］. Journal of Product Innovation Management, 2007, 24 (3): 230 -241.

［37］ Cullmann A, Schmidt - Ehmcke J, Zloczysti P. R&D efficiency and Barriers to Entry: A Two Stage Semi - parametric DEA approach ［J］. Oxford Economic Papers, 2012, 64 (1): 176 -196.

［38］ Cruz - Cázares C, Bayona - Sáez C, García - Marco T. You can't Manage Right What You Can't Measure Well: Technological Innovation Efficiency ［J］. Research Policy, 2013, 42 (6 -7): 1239 -1250.

［39］ Carayannis E G, Grigoroudis E, Goletsis Y. A multilevel and Multistage Efficiency Evaluation of Innovation Systems: A Multiobjective DEA Approach ［J］. Expert Systems with Applications, 2016, 62 (2): 63 –80.

[40] Chen X, Liu Z, Ma C. Chinese Innovation – driving Factors: Regional Structure, Innovation Effect, and Economic Development—empirical Research Based on Panel data [J]. The Annals of Regional Science, 2017, 59 (1): 43 –68.

[41] Chen H, Hou J, Chen W. Threshold Effect of Knowledge Accumulation Between Innovation Path and Innovation Performance: New Evidence from China's High – tech Industry [J]. Science, Technology and Society, 2018, 23 (1): 163 –184.

[42] Dosi G. Technological Paradigms and Technological Trajectories: A Suggested interpretation of The Determinants and Directions of Technical Change [J]. Research Policy, 1982, 11 (3): 147 –162.

[43] Dosi G. The Nature of Innovative Process [M]. Dosi G, Freeman C, Nelson R, et al. Technical Change and Economic Theory. London: Frances Pinter, 1988.

[44] Driscoll J C, Kraay A C. Consistent Covariance Matrix Estimation With Spatially Dependent Panel Data [J]. Review of Economics and Statistics, 1998, 80 (4): 549 –560.

[45] Doloreux D, Parto S. Regional Innovation Systems: A Critical Synthesis [J]. Institute for New Technologies, United Nations University, 2004, 27 (3): 17.

[46] Dosi G, Llerena P, Labini M S. The Relationships Between Science, Technologies and Their Industrial Exploitation: An Illustration Through the Myths and Realities of The So – called "European Paradox" [J]. Research Policy, 2006, 35 (10): 1450 –1464.

[47] Di Minin A, Frattini F, Piccaluga A. Fiat: Open Innovation in A Downturn (1993—2003) [J]. California Management Review, 2010, 52 (3): 132 –159.

[48] Erickson G, Jacobson R. Gaining Comparative Advantage Through Discretionary Expenditures: The Returns to R&D and Advertising [J]. Management Science, 1992, 38 (9): 1264 –1279.

[49] Evangelista R, Sandven T, Sirilli G, et al. Measuring Innovation in European Industry [J]. International Journal of The Economics of Business, 1998, 5 (3):

311 –333.

[50] Elfring T, Hulsink W. Networks in Entrepreneurship: The Case of High – Technology Firms [J] . Small Business Economics, 2003, 21 (4): 409 –422.

[51] Farrell M J. The measurement of Productive Efficiency [J] . Journal of The Royal Statistical Society: Series A (General), 1957, 120 (3): 253 –281.

[52] Färe R, Lovell C A K. Measuring the Technical Efficiency of Production [J]. Journal of Economic Theory, 1978, 19 (1): 150 –162.

[53] Fare R, Grosskopf S. Measuring Output Efficiency [J] . European Journal of Operational Research, 1983, 13 (2): 173 –179.

[54] Fried H O, Lovell C A K, Schmidt S S, et al. Accounting for Environmental Effects and Statistical Noise in Data Envelopment Analysis [J]. Journal of Productivity Analysis, 2002, 17 (1 –2): 157 –174.

[55] Fan P P. Innovation in China [J] . Journal of Economic Surveys, 2014, 28 (4): 725 –745.

[56] Farrell J. Integration and Independent Innovation on A Network [J] . American Economic Review, 2003, 93 (2): 420 –424.

[57] Fritsch M, Slavtchev V. What Determines the Technical Efficiency of Regional Innovation System [R] . Jena Economic Research Papers, 2007.

[58] Gulati R. , Social Structure and Alliance Formation Patterns: A Longitudinal Analysis [J] . Administrative Science Quarterly, 1995, 40 (3): 619 –652.

[59] Gilber M, Cordey – Hayes M. Understanding the Process of Knowledge Transfer to Achieve Successful Technological Innovation [J] . Technovation, 1996, 6 (6): 30 –31.

[60] Gulati R, Singh H. The Architecture of Cooperation: Managing Coordination costs and Appropriation Concerns in Strategic Alliances [J] . Administrative Science Quarterly, 1998, 43 (4): 781 –814.

[61] Gulati R, Gargiulo M. Where do Interorganizational Networks Come From? [J] . American Journal of Sociology, 1999, 104 (5): 1439 –1493.

[62] Glass A J, Saggi K. Intellectual Property Rights and Foreign Direct Investment [J]. Journal of International economics, 2002, 56 (2): 387 -410.

[63] Gong G, Keller W. Convergence and Polarization in Global Income Levels: A Review of Recent Results on The Role of International Technology Diffusion [J]. Research Policy, 2003, 32 (6): 1055 -1079.

[64] Jefferson G H, Huamao B, Xiaojing G, et al. R&D Performance in Chinese industry [J]. Economics of Innovation and New Technology, 2006, 15 (4 -5): 345 -366.

[65] Gu F F, Hung K, Tse D K. When Does Guan Xi Matter? Issues of Capitalization and Its Dark Sides [J]. Journal of Marketing, 2008, 72 (4): 12 -28.

[66] Girma S, Gong Y, Görg H. Foreign Direct Investment, Access to Finance, and Innovation Activity in Chinese Enterprises [J]. The World Bank Economic Review, 2008, 22 (2): 367 -382.

[67] Guan J, Chen K. Modeling Macro - R&D Production Frontier Performance: an Application to Chinese Province - level R&D [J]. Scientometrics, 2010, 82 (1): 165 -173.

[68] Guan J, Chen K. Measuring the Innovation Production Process: A Cross - region Empirical Study of China's High - tech Innovations [J]. Technovation, 2010, 30 (5): 348 -358.

[69] Guan J, Chen K. Modeling the Relative Efficiency of National Innovation Systems [J]. Research Policy, 2012, 41 (1): 102 -115.

[70] García - Manjón J V, Romero - Merino M E. Research, Development, and Firm Growth. Empirical Evidence from European Top R&D Spending Firms [J]. Research Policy, 2012, 41 (6): 1084 -1092.

[71] Hamel G. Competition for Competence and Interpartner Learning Within International Strategic Alliances [J]. Strategic Management Journal, 1991, 12 (S1): 83 -103.

[72] Hansen P A, Serin G. Will low Technology products Disappear?: The Hid-

den innovation processes in low technology industries [J]. Technological Forecasting and Social Change, 1997, 55 (2): 179 - 191.

[73] Harrigan K R. Joint Ventures and Competitive Strategy, Strategic Management Journal, 1998, 9: 141 - 156.

[74] Hansen B E. Threshold Effects in Non - dynamic Panels: Estimation, Testing, and Inference [J]. Journal of Econometrics, 1999, 93 (2): 345 - 368.

[75] Hansen B E. Sample Splitting and Threshold Estimation [J]. Econometrica, 2000, 68 (3): 575 - 603.

[76] Hagedoom J, Link A, Vonortas. N, Research Partnerships [J]. Research Policy, 2000, 29 (4): 567 - 586.

[77] Hoskisson R E, Busenitz L W. Market Uncertainty and Learning Distance in Corporate Entrepreneurship Entry Mode Choice [J]. Strategic entrepreneurship: Creating a New Mindset, 2002 (2): 151 - 172.

[78] Hagedoorn J, Cloodt M. Measuring Innovative Performance: Is There an Advantage in Using Multiple Indicators? [J]. Research Policy, 2003, 32 (2): 1365 - 1379.

[79] Hemmert M. The Influence of Institutional Factors on The Technology Acquisition Performance of High - tech Firms: Survey Results from Germany and Japan [J]. Research Policy, 2004, 33 (6 - 7): 1019 - 1039.

[80] Haas M R, Hansen M T. When Using Knowledge Can Hurt Performance: The Value of Organizational Capabilities in a Management Consulting Company [J]. Strategic Management Journal, 2005, 26 (1): 1 - 24.

[81] Hewitt - Dundas N. Resource and Capability Constraints to Innovation in Small and Large Plants [J]. Small Business Economics. 2006. 26 (3): 257 - 277.

[82] Hashimoto A, Haneda S. Measuring the Change in R&D Efficiency of The Japanese Pharmaceutical Industry [J]. Research Policy, 2008, 37 (10): 1829 - 1836.

[83] Huang C, Arundel A V, Hollanders H. How Firms Innovate: R&D, Non - R&D, and Technology Adoption [J]. UNU - MERIT Working Paper, 2010 (3): 164 - 175.

[84] Hervas - Oliver J L, Albors Garrigos J, Gil - Pechuan I. Making Sense of Innovation by R&D and Non - R&D Innovators in Low Technology Contexts: A Forgotten Lesson for Policymakers [J]. Technovation, 2011, 31 (9): 427 - 446.

[85] Hagedoorn J, Wang N. Is There Complementarity or Substitutability Between Internal and External R&D Strategies? [J]. Research Policy, 2012, 41 (6): 1072 - 1083.

[86] Horta I M, Camanho A S, Costa J M D. Performance Assessment of Construction Companies: A Study of Factors Promoting Financial Soundness and Innovation in the Industry [J]. International Journal of Production Economics, 2012, 137 (1): 84 - 93.

[87] Hervas - Oliver J L, Albors - Garrigos J, Baixauli J J. Beyond R&D Activities: The Determinants of Firms' Absorptive Capacity Explaining the Access to Scientific Institutes in Low - Medium - Tech Contexts [J]. Economics of Innovation and new Technology, 2012, 21 (1): 55 - 81.

[88] Huang X L, Chi R Y. Innovation China's High - Tech Industries: Barriers and Their Impact on in Novation Performance [J]. International Journal of Technology Management, 2013, 62 (1): 35 - 55.

[89] Hall B H, Lotti F, Mairesse J. Evidence on The Impact of R&D and ICT investments on Innovation and Productivity in Italian Firms [J]. Economics of Innovation and New Technology, 2013, 22 (3): 300 - 328.

[90] Herrerias M J, Cuadros A, Luo D. Foreign Versus Indigenous Innovation and Energy Intensity: Further Research Across Chinese Regions [J]. Applied Energy, 2015, 162 (1): 1374 - 1384.

[91] Hervas - Oliver J L, Sempere - Ripoll F, Boronat - Moll C, et al. Technological Innovation Without R&D: Unfolding the Extra Gains of Management Innovations on Technological Performance [J]. Technology Analysis & Strategic Management, 2015, 27 (1): 19 - 38.

[92] Hong J, Feng B, Wu Y, et al. Do Government Grants Promote Innovation

Efficiency in China's High - Tech Industries? [J] . Technovation, 2016, 57 (4): 4 - 13.

[93] Hou J, Chen H, Xu J. External Knowledge Sourcing and Green Innovation Growth with Environmental and Energy Regulations: Evidence from Manufacturing in China [J] . Sustainability, 2017, 9 (3): 342.

[94] Iansiti M. Technology Integration: Making Critical Choices in a Dynamic World [J] . Research - Technology Management, 1998, 41 (1): 101 - 101.

[95] Inkpen A C. Learning and Knowledge Acquisition Through International Strategic Alliances [J] . Academy of Management Perspectives, 1998, 12 (4): 69 - 80.

[96] Ehie I C, Olibe K. The effect of R&D Investment on Firm Value: An Examination of US Manufacturing and Service Industries [J] . International Journal of Production Economics, 2010, 128 (1): 127 - 135.

[97] Jantunen A. Knowledge - Processing Capabilities and Innovative Performance: An Empirical Study [J] . European Journal of Innovation Management, 2005, 8 (3): 336 - 349.

[98] Jonker M, Romijn H, Szirmai A. Technological Effort, Technological Capabilities and Economic Performance: A Case Study of The Paper Manufacturing Sector in West Java [J] . Technovation, 2006, 26 (1): 121 - 134.

[99] Jensen M B, Johnson B, Lorenz E, et al. Forms of Knowledge and Modes of Innovation [J] . The Learning Economy and The Economics of Hope, 2016 (2): 155 - 182.

[100] Kline S J, Rosenberg N. An Overview of Innovation. The Positive Sum strategy: Harnessing Technology for Economic Growth [J] . The National Academy of Science, USA, 1986, 275 (6), 305.

[101] Kleinknecht A. Measuring R&D in Small Firms: How Much are We Missing? [J] . The Journal of Industrial Economics, 1987 (5): 253 - 256.

[102] Kleinknecht A, Reijnen J N. More Evidence on The Undercounting of

Small Firm R&D [J]. Research Policy, 1991, 20 (16): 579-587.

[103] Kim J B, Stewart C T. The Relation Between Technology Import and Domestic R&D [J]. The Journal of Technology Transfer, 1993, 18 (3-4): 94-103.

[104] Khanna T, Gulati R, Nohria N. The Dynamics of Learning Alliances: Competition, Cooperation, and Relative Scope [J]. Strategic Management Journal, 1998, 19 (3): 193-210.

[105] Khanna T, Palepu K. Emerging Market Business Groups, Foreign Investors, and Corporate Governance [R]. National Bureau of Economic Research, 1999.

[106] Krugman P R. Increasing Returns, Monopolistic Competition and International Trade [J]. Journal of International Economics, 1999 (9): 469-479.

[107] Kim, Han. A Decomposition of Total Factor Productivity Growth in Korean manufacturing Industries: A Stochastic Frontier Approach [J]. Journal of Productivity Analysis, 2001, 16 (3): 269-281.

[108] Katz J. Structural Reforms and Technological Behaviour: The Sources and Nature of Technological Change in Latin America in The 1990s [J]. Research Policy, 2001, 30 (1): 1-19.

[109] Koka B R, Prescott J E. Strategic Alliances as Social Capital: A Multidi-Mensional View [J]. Strategic Management Journal, 2002, 23 (9): 795-816.

[110] Kocher M G, Luptacik M, Sutter M. Measuring Productivity of Research in Economics: A Cross-country Study Using DEA [J]. Socio-Economic Planning Sciences, 2006, 40 (4): 314-332.

[111] Kang K N, Park H. Influence of Government R&D Support and Inter-firm Collaborations on Innovation in Korean Biotechnology SMEs [J]. Technovation, 2012, 32 (1): 68-78.

[112] Kao C, Hwang S. Multi-Period Efficiency and Malmquist Productivity Index in Two-Stage Production Systems [J]. European Journal of Operational Research, 2014 (232): 512-521.

[113] Lengnick-Hall C A. A conceptual Framework for Evaluating Designs for

Corporate Innovation [J]. Journal of Engineering and Technology Management, 1991, 7 (3-4): 197-227.

[114] Leonard-Barton D. Core Capabilities and Core Rigidities: A paradox in Managing New Product Development [J]. Strategic Management Journal, 1992, 13 (S1): 111-125.

[115] Lundvall B A, Johnson B. The Learning Economy [J]. Journal of Industry Studies, 1994, 1 (2): 23-41.

[116] Liu X, Wang C. Does Foreign Direct Investment Facilitate Technological Progress? Evidence from Chinese Industries [J]. Research Policy, 2003, 32 (6): 945-953.

[117] Levin Z D, Cross R. The Strength of Weak Ties You Can Trust: The Mediating Role of Trust in Effective Knowledge Transfer [J]. Management Science. 2004, 50 (11): 1477-1490.

[118] Lee H Y, Park Y T. An International Comparison of R&D Efficiency: DEA Approach [J]. Asian Journal of Technology Innovation, 2005, 13 (2): 207-222.

[119] Laforet S, Tann J. Innovative Characteristics of Small Manufacturing Firms [J]. Journal of Small Business and Enterprise Development, 2006, 13 (3): 363-380.

[120] Laursen K, Salter A. Open for Innovation: The Role of Openness in Explaining Innovation Performance Among UK Manufacturing Firms [J]. Strategic Management Journal, 2006, 27 (2): 131-150.

[121] Lichtenthaler U. Absorptive Capacity, Environmental Turbulence, and The Complementarity of Organizational Learning Processes [J]. Academy of management journal, 2009, 52 (4): 822-846.

[122] Lin B W, Wu C H. How Does Knowledge Depth Moderate the Performance of Internal and External Knowledge Sourcing strategies? [J]. Technovation, 2010, 30 (11-12): 582-589.

[123] Lee S, Park G, Yoon B, Park J. Open Innovation in SMEs—An Interme-Diated Network Model [J]. Research Policy, 2010, 39 (2): 290-300.

[124] Li H, Fang K, Yang W, et al. Regional environmental Efficiency Evaluation in China: Analysis Based on The Super - SBM Model With Undesirable Outputs [J]. Mathematical and Computer Modelling, 2013, 58 (5 - 6): 1018 - 1031.

[125] Long V, Laestadius S. An indigenous Innovation: An Example from Mobile Communication Technology [J]. Oxford Development Studies, 2016, 44 (1): 113 - 133.

[126] Li L, Liu B, Liu W, et al. Efficiency Evaluation of The Regional High - Tech industry in China: A New Framework Based on Meta - Frontier Dynamic DEA analysis [J]. Socio - Economic Planning Sciences, 2017, 60 (5): 24 - 33.

[127] Markusen J R. Contracts, Intellectual Property Rights, and Multinational Investment in Developing countries [J]. Journal of International Economics, 2001, 53 (1): 189 - 204.

[128] De Man A P, Duysters G. Collaboration and innovation: A Review of The Effects of Mergers, Acquisitions and Alliances on Innovation [J]. Technovation, 2005, 25 (12): 1377 - 1387.

[129] Miller W L, Morris L. Fourth Generation R&D: Managing Knowledge, Technology, and Innovation [M]. New York: John Wiley & Sons, 2008.

[130] Murovec N, Prodan I. Absorptive Capacity, Its Determinants, and Influence on Innovation Output: Cross - Cultural Validation of The Structural Model [J]. Technovation, 2009, 29 (12): 859 - 872.

[131] Mulyanto. Performance of Indonesian R&D Institutions: Influence of Type of Institutions and Their Funding Source on R&D Productivity [J]. Technology in Society, 2014, 38 (38): 148 - 160.

[132] Miozzo M, Dewick P. Networks and Innovation in European Construction; Benefits from Inter - organisational Cooperation in A Fragmented Industry [J]. International Journal of Technology Management, 2004, 27 (1): 68 - 92.

[133] Nonaka I, Takeuchi H. The Knowledge - Creating Company: How Japanese Companies Create the Dynamics of Innovation [M]. Oxford University Press, 1995.

[134] Nahapiet J, Ghoshal S. Social Capital, Intellectual Capital, and The Or-

ganizational Advantage [J]. Academy of Management Review, 1998, 23 (2): 242 - 266.

[135] Nerkar A, Paruchuri S. Evolution of R&D Capabilities: The Role of Knowledge Networks Within a Firm [J]. Management science, 2005, 51 (5): 771 - 785.

[136] Nieto M J, Santamaría L. The Importance of Diverse Collaborative Networks for The Novelty of Product Innovation [J]. Technovation, 2007, 27 (6 - 7): 367 - 377.

[137] Neves A, Teixeira A A C, Silva S T. Exports - R&D Investment Complementarity and Economic Performance of Firms Located in Portugal [J]. Investigación Económica, 2016, 75 (295): 125 - 156.

[138] OECD. Proposed Standard Practice for Surveys on Research and Experimental Development [R]. Paris: Frascati Manual, 2002.

[139] OECD. Measuring Innovation: A New Perspective [R]. Paris, 2010.

[140] Olof E, Astrid K, Martin S H. The R&D - growth Paradox Arises in Fast - growing Sectors [J]. Research Policy, 2011, 40 (5): 664 - 672.

[141] Pérez C. Technological change and Opportunities for Development as A Moving Target [J]. CEPAL Review, 2001, 75 (5): 109 - 130.

[142] Putranto K, Stewart D, Moore G. International Technology Transfer and Distribution of Technology Capabilities: the Case of Railway Development in Indonesia [J]. Technology in Society, 2003, 25 (1): 43 - 53.

[143] Ronde P, Hussler C. Innovation in Regions: What Does Really Matter? [J]. Research Policy, 2005, 34 (8): 1150 - 1172.

[144] Parisi M L, Schiantarelli F. Alessandro S. Productivity, Innovation and R&D: Micro Evidence for Italy [J]. European Economic Review, 2006, 50 (8): 2037 - 2061.

[145] Rothwell, R. Successful Industrial Innovation: Critical Factors for The 1990s [J]. R&D Management, 1992, 22 (3): 221 - 240.

[146] Ring P S. Networked Organization: A Resource Based Perspective [M].

Acta Universitatis Upsaliensis, 1996.

[147] Romijn H, Albaladejo M. Determinants of Innovation Capability in Small electronics and Software Firms in Southeast England [J] . Research Policy, 2002, 31 (7): 1053 - 1067.

[148] Reagans R, McEvily B. Network Structure and Knowledge Transfer: The effects of Cohesion and Range [J] . Administrative Science Quarterly, 2003, 48 (2): 240 - 267.

[149] Roper S, Hewitt - Dundas N. Innovation Persistence: Survey and case - study evidence [J] . Research Policy, 2008, 37 (1): 149 - 162.

[150] Martín - Rojas R, García - Morales V J, Mihi - Ramírez A. How Can We Increase Spanish Technology Firms' Performance? [J] . Journal of Knowledge Management, 2011, 15 (5): 759 - 778.

[151] Rasiah R, Shahrivar R B, Yap X S. Institutional Support, Innovation capabilities and Exports: Evidence from The Semiconductor Industry in Taiwan [J] . Technological Forecasting and Social Change, 2016, 109 (6): 69 - 75.

[152] Stead H. The Costs of Technological Innovation [J] . Research Policy, 1976, 5 (1): 2 - 9.

[153] Santarelli E, Sterlacchini A. Innovation, formal vs. informal R&D, and firm size: Some evidence from Italian manufacturing firms [J] . Small Business Economics, 1990, 2 (3): 223 - 228.

[154] Sikka P. Analysis of In - house R&D Centres of Innovative Firms in India [J] . Research Policy, 1998, 27 (4): 429 - 433.

[155] Sterlacchini A. Do Innovative Activities Matter to Small Firms in Non - R&D - intensive Industries? An Application to Export Performance [J]. Research Policy, 1999, 28 (8): 819 - 832.

[156] Sun Y. China's National Innovation System in Transition [J]. Eurasia Geography and Economics, 2002, 43 (6): 476 - 492.

[157] Sun C H, Kalirajan K P. Gauging the Sources of Growth of High - tech

and Low -tech Industries: The Case of Korean Manufacturing [J]. Australian Economic Papers, 2005, 44 (2): 170-185.

[158] Sampson R C. R&D Alliances and Firm Performance: The Impact of Technological Diversity and Alliance Organization on Innovation [J]. Academy of Management journal, 2007, 50 (2): 364-386.

[159] harma S, Thomas V. Inter-country R&D Efficiency Analysis: An Application of Data Envelopment Analysis [J]. Scientometrics, 2008, 76 (3): 483-501.

[160] Santamaría L, Nieto M J, Barge-Gil A. Beyond Formal R&D: Taking Advantage of Other Sources of Innovation in Low-and Medium-technology Industries [J]. Research Policy, 2009, 38 (3): 507-517.

[161] Sun Y F, Du D B. Determinants of industrial innovation in China: Evidence from its recent economic census [J]. Technovation, 2010, 30 (9-10): 540-550.

[162] Som O. Innovation Without R&D: Heterogeneous Innovation Patterns of Non-R&D-performing Firms in The German Manufacturing Industry [M]. Springer Science & Business Media, 2012.

[163] Segarra-Oña M V, Peiró-Signes A, Albors-Garrigós J, et al. Impact of Innovative Practices in Environmentally Focused Firms: Moderating Factors [J]. International Journal of Environmental Research, 2011, 5 (2): 425-434.

[164] Tsai W, Ghoshal S. Social Capital and Value Creation: The Role of Inter-firm Networks [J]. Academy of Management Journal, 1998, 41 (4): 464-476.

[165] Tian X. Accounting for Sources of FDI Technology Spillovers: Evidence from China [J]. Journal of International Business Studies, 2007, 38 (1): 147-159.

[166] TÖdtling F, Lehner P, Kaufmann A. Do Different Types of Innovation Rely on Specific Kinds of Knowledge Interactions? [J]. Technovation, 2009, 29 (1): 59-71.

[167] Thomas V J, Sharma S, Jain S K. Using Patents and Publications to Assess R&D Efficiency in The States of The USA [J]. World Patent Information, 2011,

33 (1): 4 - 10.

[168] Tavassoli S. Innovation Determinants Over industry Life Cycle [J]. Technological Forecasting and Social Change, 2015, 91 (3): 18 - 32.

[169] Wheelen T L, Hunger J D. Strategic Management and Business Policy Entering 21st Century Global Society (7th Ed.) [M]. Upper Saddle River New Jersey, Prentice Hall, 2000.

[170] Wallsten S J. The Effects of Government - industry R&D Programs on Private R&D: The Case of The Small Business Innovation Research program [J]. The RAND Journal of Economics, 2000 (5): 82 - 100.

[171] Wan D, Ong C H, Lee F. Determinants of firm innovation in Singapore [J]. Technovation, 2005, 25 (3): 261 - 268.

[172] Wang E C, Huang W C. Relative Efficiency of R&D Activities: Across - Country Study Accounting for Environmental Factors in the DEA Approach [J]. Research Policy, 2007, 36 (2): 260 - 270.

[173] Wang C, Kafouros M I. What factors Determine Innovation Performance in Emerging Economies? Evidence from China [J]. International Business Review, 2009, 18 (6): 606 - 616.

[174] Wu J. Technological Collaboration in Product Innovation: The Role of Market Competition and Sectoral Technological Intensity [J]. Research Policy, 2012, 41 (2): 489 - 496.

[175] Vega - Jurado J, Gutiérrez - Gracia A, Fernández - de - Lucio I. Does External Knowledge Sourcing Matter for Innovation? Evidence from the Spanish manufacturing Industry [J]. Industrial and Corporate Change, 2009, 18 (4): 637 - 670.

[176] Xie Y, Gao S X, Xu J, et al. Social Ties and Indigenous Innovation in China's Transition Economy: The Moderating Effects of Learning Intent [J]. Industry and Innovation, 2015, 22 (2): 79 - 101.

[177] Young J A, Pelton L E. Strategic Alliances: Are They Relational by Definition [R]. Indiana State University, Working Paper, 2000.

[178] Yli – Renko H, Autio E, Tontti V. Social Capital, Knowledge, and The International Growth of Technology – based New Firms [J]. International business review, 2002, 11 (3): 279 – 304.

[179] Yeoh P L. Realized and Potential Absorptive Capacity: Understanding Their antecedents and Performance in The Sourcing Context [J]. Journal of Marketing Theory and Practice, 2009, 17 (1): 21 – 36.

[180] Yamakawa Y, Yang H, Lin Z J. Exploration Versus Exploitation in Alliance Portfolio: Performance Implications of Organizational, Strategic, and Environmental Fit [J]. Research Policy, 2011, 40 (2): 287 – 296.

[181] Yam R C M, Lo W, Tang E P Y, et al. Analysis of Sources of Innovation, Technological Innovation Capabilities, and Performance: An Empirical Study of Hong Kong Manufacturing Industries [J]. Research Policy, 2011, 40 (3): 391 – 402.

[182] Yang Y, Cai W J, Wang C. Industrial CO_2 Intensity, Indigenous innovation and R&D Spillovers in China's Provinces [J]. Applied Energy, 2014, 131 (10): 117 – 127.

[183] Lee Y N, Walsh J P. Inventing While You Work: Knowledge, Non – R&D Learning and Innovation [J]. Research policy, 2016, 45 (1): 345 – 359.

[184] Zhang Q, Vonderembse M A, Lim J S. Manufacturing flexibility: Defining and Analyzing Relationships among competence, Capability, and Customer Satisfaction [J]. Journal of Operations Management, 2003, 21 (2): 173 – 191.

[185] 彼得．圣吉．第五项修炼 [M]．上海：上海三联书店，2002：52 – 109.

[186] 白俊红，蒋伏心．考虑环境因素的区域创新效率研究——基于三阶段 DEA 方法 [J]．财贸经济，2011 (10)：104 – 112.

[187] 白俊红，吕晓红．自主研发、协同创新与外资引进——来自中国地区工业企业的经验证据 [J]．财贸经济，2014 (11)：89 – 100.

[188] 理查德．莱特斯，迈克尔．皮奥雷．破译创新的前端：构建创新的解释性维度 [M]．北京：知识产权出版社，2006：12 – 85.

[189] 曹霞，于娟．创新驱动视角下中国省域研发创新效率研究——基于投

影寻踪和随机前沿的实证分析［J］．科学学与科学技术管理，2015，36（4）：124－132.

［190］曹勇，苏凤娇．高技术产业技术创新投入对创新绩效影响的实证研究——基于全产业及其下属五大行业面板数据的比较分析［J］．科研管理，2012，33（9）：22－31.

［191］陈恒，侯建，陈伟．内外部知识源化、非研发对创新绩效影响的空间计量研究——以高技术产业为例［J］．科技进步与对策，2018，35（8）：60－69.

［192］陈一恋．中国省市创新驱动效率的影响因素研究［D］．上海：上海师范大学硕士学位论文，2015.

［193］陈劲．从技术引进到自主创新的学习模式［J］．科研管理，1994（2）：32－34.

［194］陈劲，王方瑞．中国本土企业自主创新的路径模式探讨［J］．自然辩证法通讯，2007，169（3）：49－58.

［195］陈劲，杨晓惠，郑贤榕，吕萍．知识集聚：科技服务业产学研战略联盟模式——基于网新集团的案例分析［J］．高等工程教育研究，2009，（4）：31－36.

［196］陈钰芬，陈劲．开放式创新促进创新绩效的机理研究［J］．科研管理，2009，（4）：1－9.

［197］陈恒，侯建．自主研发创新、知识积累与科技绩效——基于高技术产业数据的动态门槛机理研究［J］．科学学研究，2016，34（9）：1301－1309.

［198］陈曦．创新驱动发展战略的路径选择［J］．经济问题，2013（3）：42－45.

［199］程慧平，万莉，黄炜，张冀新．中国省际 R&D 创新与转化效率实证研究［J］．管理评论，2015，27（4）：29－37.

［200］陈恒，侯建．R&D 投入、FDI 流入与国内创新能力的门槛效应研究——基于地区知识产权保护异质性视角［J］．管理评论，2017，29（6）：85－95.

［201］党兴华，刘兰剑．跨组织技术创新合作动因的两视角分析［J］．科

研管理，2006（1）：55－61.

［202］范柏乃，段忠贤，江蕾．中国自主创新政策：演进、效应与优化［J］．中国科技论坛，2013（9）：5－12.

［203］付敬，朱桂龙．知识源化战略、吸收能力对企业创新绩效产出的影响研究［J］．科研管理，2014，35（3）：25－34.

［204］冯志军，陈伟．中国高技术产业研发创新效率研究——基于资源约束型两阶段 DEA 模型的新视角［J］．系统工程理论与实践，2014，34（5）：1202－1212.

［205］方文中，罗守贵．自主研发与技术引进对全要素生产率的影响——来自上海高新技术企业的实证［J］．研究与发展管理，2016，28（1）：1－9.

［206］樊钱涛．知识源、知识获取方式与产业创新绩效研究——以中国高技术产业为例［J］．科研管理，2011，32（5）：29－35.

［207］傅家骥．技术创新学［M］．北京：清华大学出版社，2000.

［208］付明卫，叶静怡，孟俣希，雷震．国产化率保护对自主创新的影响——来自中国风电制造业的证据［J］．经济研究，2015，50（2）：118－131.

［209］樊华，周德群．中国省域科技创新效率演化及其影响因素研究［J］．科研管理，2012，33（1）：10－18.

［210］高良谋，马文甲．开放式创新：内涵、框架与中国情境［J］．管理世界，2014（6）：157－169.

［211］葛沪飞，仝允桓，高旭东．企业自主研发选择差异及其影响因素实证研究［J］．研究与发展管理，2010，22（4）：10－19.

［212］郭春野，庄子银．知识产权保护与“南方”国家的自主创新激励［J］．经济研究，2012，47（9）：32－45.

［213］郭军灵．企业技术联盟的合作动机分析［J］．科技情报开发与经济，2008（18）：168－170.

［214］高建，汪剑飞，魏平．企业技术创新绩效指标：现状、问题和新概念模型［J］．科研管理，2004（S1）：14－22.

［215］顾晓燕．自主创新模式对高技术产业知识产权创造影响的实证研究

[J]. 软科学, 2014, 28 (1): 11-14.

[216] 高冠军. 我国石化企业技术创新路径研究 [D]. 青岛: 青岛科技大学硕士学位论文, 2009.

[217] 辜胜阻. 创新驱动战略与经济转型 [M]. 北京: 人民出版社, 2013: 3-6.

[218] 侯建, 陈恒. 中国高专利密集度制造业技术创新绿色转型绩效及驱动因素研究 [J]. 管理评论, 2018, 30 (4): 59-69.

[219] 侯建, 陈恒. 知识密集型制造业专利创新运营绩效研究 [J]. 系统工程理论与实践, 2017, 37 (7): 1709-1719.

[220] 侯晓辉, 王青, 冯宗宪. 自主研发、技术引进与中国工业行业的技术创新 [J]. 研究与发展管理, 2011, 23 (5): 49-55.

[221] 侯建, 陈恒. 外部知识源化、非研发创新与专利产出——以高技术产业为例 [J]. 科学学研究, 2017, 35 (3): 447-458.

[222] 洪银兴. 关于创新驱动和协同创新的若干重要概念 [J]. 经济理论与经济管理, 2013 (5): 5-12.

[223] 黄宁燕, 王培德. 实施创新驱动发展战略的制度设计思考 [J]. 中国软科学, 2013 (4): 60-68.

[224] 侯建, 陈恒, 李丽, 李奉书. 高技术产业研发创新与非研发创新的异质门槛效应研究 [J]. 管理学报, 2018, 15 (3): 392-398.

[225] 侯建, 陈恒. 高技术产业自主创新模式驱动专利产出机理研究——知识产权保护视角 [J]. 科学学与科学技术管理, 2016, 37 (10): 63-73.

[226] 黄少波, 陶晓玲. 自主创新过程及内在机理分析 [J]. 社会科学家, 2006 (S1): 181-182.

[227] 黄西川, 幸炜. 自主创新模式的关联与创新主体的行为优化——基于实证且以提升南京地区创新系统层次为例 [J]. 科学学研究, 2007 (S1): 120-127.

[228] 何景涛, 安立仁. 知识合作模式与产品价值构成要素研究——企业合作创新研究的新视角 [J]. 科技进步与对策, 2010, 27 (7): 78-82.

[229] 洪俊杰, 石丽静. 自主研发、地区制度差异与企业创新绩效——来自

371 家创新型企业的经验证据［J］．科学学研究，2017（2）：310－320.

［230］胡婷婷，文道贵．发达国家创新驱动发展比较研究［J］．科学管理研究，2013（2）：1－4.

［231］洪银兴．论创新驱动经济发展战略［J］．经济学家，2013（1）：5－11.

［232］季成，徐福缘，贾雷，朱华燕．“十三五”时期中国研发外包的发展战略与对策［J］．中国科技论坛，2015（6）：55－59.

［233］蒋开东，俞立平，霍妍．企业自主研发与协同创新绩效比较研究——基于面板数据与非期望产出效率的分析［J］．软科学，2015，29（2）：68－71.

［234］刘寿先．企业社会资本与技术创新关系研究：组织学习的观点［D］．济南：山东大学博士学位论文，2008.

［235］刘清海，史本山．研发外包契约选择：基于事后效率的研究［J］．软科学，2012，26（5）：136－140.

［236］刘克宁，宋华明．不对称信息下创新产品研发外包的甄别契约设计［J］．中国管理科学，2014，22（10）：52－58.

［237］刘仿．中小企业非研发创新：一个理论框架及对企业创新绩效的影响研究［D］．杭州：浙江大学硕士学位论文，2013.

［238］刘小玲，赵越，梁偲．企业非研发创新活动的特点及其政策启示［J］．科技管理研究，2015，35（19）：171－173.

［239］刘满凤，李圣宏．基于三阶段 DEA 模型的我国高新技术开发区创新效率研究［J］．管理评论，2016，28（1）：42－52.

［240］李向东，李南，刘东皇．高技术产业创新效率影响因素分析［J］．统计与决策，2015，（6）：109－113.

［241］李平，刘利利．政府研发资助、企业研发投入与中国创新效率［J］．科研管理，2017，38（1）：21－29.

［242］李凡，李娜．金砖国家技术创新影响因素差异及对中国的启示［J］．中央财经大学学报，2015（7）：86－90.

［243］李平，刘利利，李蕾蕾．政府研发资助是否促进了技术进步——来自66 个国家和地区的证据［J］．科学学研究，2016，34（11）：1625－1636.

[244] 李平，宫旭红，齐丹丹. 中国最优知识产权保护区间研究——基于自主研发及国际技术引进的视角 [J]. 南开经济研究，2013 (3)：123 – 138.

[245] 李艳华. 外部技术获取与本土企业全球创新：内部研发的中介效应 [J]. 中国科技论坛，2014 (3)：17 – 23.

[246] 李柏洲，周森. 科研院所创新行为与区域创新绩效间关系研究 [J]. 科学学与科学技术管理，2015，36 (1)：75 – 87.

[247] 刘伟. 中国高新技术产业研发创新效率测算——基于三阶段 DEA 模型 [J]. 数理统计与管理，2015，34 (1)：17 – 28.

[248] 李光泗，沈坤荣. 中国技术引进、自主研发与创新绩效研究 [J]. 财经研究，2011，37 (11)：39 – 49.

[249] 李翠娟. 跨国合资企业形成知识合作剩余的创造动因分析 [J]. 科技进步与对策，2007 (8)：159 – 161.

[250] 吕人力，李毅. 论 RBV 与 TCE 在跨组织合作研究中的互补与综合 [J]. 外国经济与管理，2006 (2)：22 – 29.

[251] 罗伟，葛顺奇. 跨国公司进入与中国的自主研发：来自制造业企业的证据 [J]. 世界经济，2015，38 (12)：29 – 53.

[252] 罗亚非. 区域技术创新生态系统绩效评价研究 [M]. 北京：经济科学出版社，2010.

[253] 刘克寅，宣勇，池仁勇. 企业创新管理中内、外部 R&D 投入的互补性研究——基于中国大中型工业企业的数据分析 [J]. 科研管理，2015，36 (4)：11 – 21.

[254] 梁龙武，袁宇翔，付智，余国兴. 区域创新驱动全要素生产率测度及其影响因素研究 [J]. 科技管理研究，2016，36 (10)：197 – 202.

[255] 刘焕，胡春萍，张攀. 省级政府实施创新驱动发展战略监测评估——一个分析框架 [J]. 科技进步与对策，2015，32 (8)：128 – 132.

[256] 孟禹. 中小企业非研发创新模式探究及其对企业经营绩效影响研究 [D]. 杭州：浙江大学硕士学位论文，2014.

[257] 彭峰，李燕萍. 技术转移方式、自主研发与高技术产业技术效率的关

系研究［J］．科学学与科学技术管理，2013，34（5）：44－52.

［258］戚湧，李千目．基于AC2R模型的高校科研绩效评估及有效排序研究［J］．科学管理研究，2009，27（1）：38－41.

［259］荣鹏飞，葛玉辉．产业变革中科技型企业技术创新路径选择研究［J］．科技进步与对策，2014，31（8）：90－93.

［260］孙建．中国区域技术创新绩效计量研究［D］．重庆：重庆大学博士学位论文，2012.

［261］孙林杰，康荣，王静静．开放式创新视域下民营企业技术能力的发展演进［J］．科学学研究，2016，34（2）：253－259.

［262］盛垒．外资研发是否促进了我国自主创新？——一个基于中国行业面板数据的研究［J］．科学学研究，2010，28（10）：1571－1581.

［263］滕光富．中小企业外部合作、技术创新与知识积累关系的实证研究［D］．郑州：河南工业大学硕士学位论文，2010.

［264］陶长琪，彭永樟．从要素驱动到创新驱动：制度质量视角下的经济增长动力转换与路径选择［J］．数量经济技术经济研究，2018，35（7）：3－21.

［265］吴丰华，刘瑞明．产业升级与自主创新能力构建——基于中国省际面板数据的实证研究［J］．中国工业经济，2013，（5）：57－69.

［266］马卫红．外资研发、制度环境与高技术产业自主创新［J］．国际商务（对外经济贸易大学学报），2015，（4）：143－152.

［267］王生辉．企业非突破性自主创新模式研究［J］．科学管理研究，2007，（3）：34－37.

［268］王玉锁，罗永泰．高新技术企业自主创新模式研究［J］．经济问题，2007，（4）：63－65.

［269］王涛．新产品合作研发战略与创业型企业创新绩效研究［J］．山东大学学报（哲学社会科学版），2012，（3）：60－66.

［270］王玉，刘靖．创新方式、组织保障与创新绩效的关系研究——基于信息技术业上市公司数据的实证［J］．财经研究，2013，39（4）：80－89.

［271］王雅娟．基于资源观的中小企业非研发创新的影响因素实证研究

［D］．杭州：浙江大学硕士学位论文，2015.

［272］王海燕，郑秀梅．创新驱动发展的理论基础、内涵与评价［J］．中国软科学，2017（1）：41－49.

［273］王长春．中国各省区高技术产业研发绩效及影响因素研究［D］．长沙：湖南大学硕士学位论文，2011.

［274］王珍珍．“十二五”以来我国省域创新驱动发展战略实施成效分析［J］．经济研究参考，2014（58）：33－39.

［275］武志伟，陈莹．企业间关系质量的测度与绩效分析——基于近关系理论的研究［J］．预测，2007（2）：8－13.

［276］伍蓓，陈劲，吴增源．研发外包的内涵、动因及模式研究［J］．中国科技论坛，2008（4）：30－34.

［277］吴卫红，李娜娜，张爱美，刘安国，王建英．我国省域创新驱动发展效率评价及提升路径实证研究［J］．科技管理研究，2017，37（5）：63－69.

［278］邬龙，张永安．基于SFA的区域战略性新兴产业创新效率分析——以北京医药和信息技术产业为例［J］．科学学与科学技术管理，2013，34（10）：95－102.

［279］邢斐，张建华．外商技术转移对我国自主研发的影响［J］．经济研究，2009，44（6）：94－104.

［280］肖仁桥，王宗军，钱丽．我国不同性质企业技术创新效率及其影响因素研究：基于两阶段价值链的视角［J］．管理工程学报，2015，29（2）：190－201.

［281］徐建中，曲小瑜．装备制造业环境技术创新效率及其影响因素研究——基于DEA－Malmquist和Tobit的实证分析［J］．运筹与管理，2015（1）：246－254.

［282］易靖韬，蒙双，蔡菲莹．外部R&D、技术距离、市场距离与企业创新绩效［J］．中国软科学，2017（4）：141－151.

［283］肖仁桥，钱丽，陈忠卫．中国高技术产业创新效率及其影响因素研究［J］．管理科学，2012，25（5）：85－98.

［284］萧鸣政．中国政府人力资源开发及其战略［J］．上海行政学院学报，

2007，37（3）：73－79.

［285］谢子远，黄文军．非研发创新支出对高技术产业创新绩效的影响研究［J］．科研管理，2015，36（10）：1－10.

［286］易之卿．外部技术获取对装备制造业集成创新的影响［D］．长沙：湘潭大学硕士学位论文，2015.

［287］俞立平，李守伟，刘骏．技术来源对高技术产业创新影响的比较研究［J］．科研管理，2016，37（4）：61－67.

［288］严太华，刘焕鹏．自主研发与知识积累：基于金融发展视角的门限模型研究［J］．中国管理科学，2015，23（5）：73－81.

［289］俞立平，孙建红．知识溢出下自主研发与协同创新综合绩效研究［J］．科学学与科学技术管理，2014，35（6）：76－83.

［290］宇文晶，马丽华，李海霞．基于两阶段串联 DEA 的区域高技术产业创新效率及影响因素研究［J］．研究与发展管理，2015，27（3）：137－146.

［291］杨桂菊，李斌，夏冰．被忽视的创新：非研发创新研究述评及展望［J］．科技进步与对策，2015，32（16）：149－154.

［292］杨桂菊，李斌．获得式学习、非研发创新行为与代工企业品牌升级——基于三星电子的探索性案例研究［J］．软科学，2015，29（8）：25－28.

［293］杨德林，陈春宝．模仿创新自主创新与高技术企业成长［J］．中国软科学，1997（8）：105－110.

［294］杨燕，高山行．基于知识观的三种自主创新模式的实证研究［J］．科学学研究，2010，28（4）：626－634.

［295］杨洪涛，陈丽．非 R&D 活动与制造业企业创新绩效关系的实证研究——以长三角地区为例［J］．科研管理，2013，34（10）：67－74.

［296］曾诗鸿，姜雪，蔡明明．外商直接投资对多维度创新产出的影响［J］．管理评论，2014（11）：28－38.

［297］周柯，唐娟莉．我国省际创新驱动发展能力测度及影响因素分析［J］．经济管理，2016，38（7）：24－34.

［298］郑烨．创新驱动发展战略与科技创新支撑：概念辨析、关系厘清与实

现路径［J］．经济问题探索，2017（12）：163－170.

［299］张婧，段艳玲．市场导向对创新类型和产品创新绩效的影响［J］．科研管理，2011，32（5）：68－77.

［300］张军荣，袁晓东．技术创新“范式”之争［J］．科学学研究，2013，31（11）：1601－1605.

［301］张为峰．我国船舶制造企业技术创新模式研究［D］．哈尔滨：哈尔滨工程大学博士学位论文，2013.

［302］赵立雨．内部 R&D 投入、外部资源获取与绩效关系研究［J］．科研管理，2016，37（9）：11－19.

［303］赵立雨．开放式创新对企业创新绩效影响研究——内部 R&D 与环境波动的调节作用［J］．科学学与科学技术管理，2014，35（6）：119－127.

［304］张文红，赵亚普，陈爱玲．外部研发机构联系能否提升企业创新？——跨界搜索的中介作用［J］．科学学研究，2014，32（2）：289－296.

［305］朱华桂，庄晨．自主研发、外部知识获取与企业绩效研究——基于上市公司数据［J］．软科学，2015，29（2）：46－50.

［306］朱有为，徐康宁．中国高技术产业研发效率的实证研究［J］．中国工业经济，2006（11）：38－45.

［307］朱雪珍，施盛威，封亚．基于价值链视角的创新效率评价——以江苏省为例［J］．管理评论，2013，25（10）：120－128.

［308］郑刚，刘仿，徐峰，彭新敏．非研发创新：被忽视的中小企业创新另一面［J］．科学学与科学技术管理，2014，35（1）：140－146.

［309］张雨薇．企业外部知识合作与技术创新绩效的关系研究［D］．南京：南京师范大学硕士学位论文，2015.

［310］周亚虹，贺小丹，沈瑶．中国工业企业自主创新的影响因素和产出绩效研究［J］．经济研究，2012，47（5）：107－119.

［311］周寄中，张黎，汤超颖．关于自主创新与知识产权之间的联动［J］．管理评论，2005（11）：43－47.

［312］周正柱．科技企业研发外包内外部动因研究［J］．科技进步与对策，

2011，28（14）：92－96.

［313］赵树宽，余海晴，巩顺龙．基于 DEA 方法的吉林省高技术企业创新效率研究［J］．科研管理，2013，34（2）：36－43.